KCA-ICF
코칭핵심역량

KCA-ICF 코칭핵심역량

ⓒ 홍삼열, 2024

초판 1쇄 발행 2024년 10월 5일

지은이   홍삼열
펴낸이   이기봉
편집   좋은땅 편집팀
펴낸곳   도서출판 좋은땅
주소   서울특별시 마포구 양화로12길 26 지월드빌딩 (서교동 395-7)
전화   02)374-8616~7
팩스   02)374-8614
이메일   gworldbook@naver.com
홈페이지   www.g-world.co.kr

ISBN   979-11-388-3605-0 (93180)

(사)한국코치협회 기초과정, 심화과정(ACPK01280)

KCA - ICF
코칭핵심역량

편저자 **홍삼열**

좋은땅

교육 시간표(8시간 기준)

Day 1	Day 3	Day 5
제1부 기초 과정 M1. 코칭의 이해 • 코칭의 정의 • 코칭의 철학 • 코칭의 역사 • 윤리 실천 • 자기 인식 M2. 코칭 대화모델 SCORE • 라포 형성	• 텔레 코칭 클래스	• 핵심역량 분석 M8. 성장 지원(Empower) • 성장 지원 역량 • 세션과 세션 사이 • 핵심역량 분석 • 수료식(오프라인)
• 목표 설정 • 자원 탐색 • 실행 계획 • 후원 환경	제2부 심화 과정 M5. 관계 구축(Connect) • 관계 구축 역량 • 공감 지도 • DISC 인간 행동 유형 • 핵심역량 분석	• 텔레 코칭 클래스 • 수료식(온라인)
Day 2	**Day 4**	
M3. 코칭 스킬 LID • 경청 • 질문 • 피드포워드	M6. 적극 경청(Observe) • 경청의 중요성 • 경청의 나침반 • 맥락적 이해 • 핵심역량 분석	
M4. 코치 되기 • 코칭 계약 • 자기 관리	M7. 의식 확장(Reframe) • 의식 확장 역량 • 직면 • 질문 프레임 활용 • 몸의 느낀 감각	

제1부 기초 과정

M1. 코칭의 이해

M2. 코칭 대화모델 SCORE

M3. 코칭 스킬 LID

M4. 코치 되기

제2부 심화 과정

M5. 관계 구축(Connect)

M6. 적극 경청(Observe)

M7. 의식 확장(Reframe)

M8. 성장 지원(Empower)

부록(Appendix)

영문 목차

과정 학습목표

- (사)한국코치협회 핵심역량을 모두 이해하기 위해서는 코칭의 기초 과정을 통해 체득할 수 있으며, 특히 코칭다움은 심화 과정을 통해 심도 있게 훈련할 수 있다. 국제코칭연맹의 핵심 역량과 상호작용하며 코치의 역량과 코칭의 역량을 익힐 수 있다.

○ 기초 과정은 '코칭의 이해', '코칭 대화모델', '코칭 스킬 LID', '코치 되기'로 구성되어 코칭의 기초를 익힐 수 있다.

- 코칭의 이해에서는 '코칭의 정의', '코칭의 철학', '코칭의 역사'를 살펴보고, '윤리 실천', '자기 인식' 등 코치다움 역량에 대한 활동과 실습을 통해 체화할 수 있다.

- 코칭 대화모델에서는 핵심이라는 의미의 CORE 앞에 S를 붙여 점수를 뜻하는 SCORE 를 첫 글자로 한 5단계 코칭 대화모델 '라포 형성(**S**ynergy building)', '목표 설정(**C**larifying objectives)', '자원 탐색(**O**rganizing resources)', '실행 계획(**R**oadmap execution)', '후원 환경 (**E**ncouraging environment)' 순의 코칭의 첫 관문인 코칭 프로세스를 익힐 수 있다.

- 코칭 스킬 LID에서는 뚜껑을 뜻하는 LID를 첫 글자로 세 가지 코칭 스킬인 '경청(**L**isten)', '질 문(**I**nquire)', '피드포워드(**D**eliver)'를 통해 코칭 프로세스의 깊이를 더할 수 있다.

- 코치 되기에서는 '코칭 계약(**C**ontract)', '자기 관리(**S**elf-management)', '텔레 코칭 클래스 (**V**eteran)'을 통해 코칭 전문가로 준비할 수 있다.

○ 심화 과정은 핵심을 의미하는 CORE를 첫 글자로 하여 코칭다움의 네 가지 심화 역량인 '관 계 구축(**C**onnect)', '적극 경청(**O**bserve)', '의식 확장(**R**eframe)', '성장 지원(**E**mpower)'을 집 중적으로 훈련하여 전문코치의 역량을 익힐 수 있다.

제1부

기초 과정

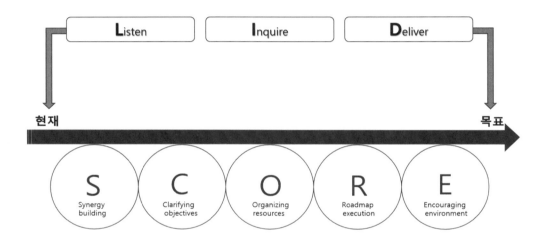

코칭의 이해

- 코칭의 정의, 코칭 철학, 코칭의 핵심 가치를 이해하고 실천할 수 있다.

- 코칭의 역사를 숙지하고 설명할 수 있으며, 코치가 지켜야 할 윤리를 숙지하고 실천할 수 있다.

- 코치다움의 자기 인식과 코칭 프레즌스를 숙지하고 코치로서 성장할 수 있다.

M1. 코칭의 이해

1. 코칭의 정의(Statement)

1) 한국코치협회[1]

'개인과 조직의 잠재력을 극대화하여 최상의 가치를 실현할 수 있도록 돕는 수평적 파트너십'으로 정의한다. 줄탁동기(啐啄同機)라는 말이 있다. 병아리가 알에서 나오기 위해서는 새끼와 어미 닭이 안팎에서 쪼아야 한다는 의미로, 사람의 자아실현과 잠재력 개발을 위한 고객과 코치 사이의 파트너 관계를 코칭이라 한다.

2) 국제코칭연맹[2]

고객의 개인적, 전문적 가능성을 극대화하기 위해 영감을 불어넣고 사고를 자극하는 창의적인 프로세스 안에서 고객과 파트너 관계를 맺는 것이다.

---

1) '한국코치협회'라는 소제목으로 소개된 내용들은 홈페이지 http://kcoach.or.kr에서 참고한 것이다.
2) '국제코칭연맹'이라는 소제목으로 소개된 내용들은 홈페이지 http://coachingfederation.org에서 참고한 것이다.

2. 코칭의 철학(Thought)

1) 한국코치협회 코칭 철학

고객 스스로가 자신의 사생활 및 직업생활에 있어 그 누구보다도 잘 알고 있는 전문
가로서 존중하며, 모든 사람은 창의적(Creative)이고, 완전성을 추구하고자 하는 욕
구(Holistic)가 있으며, 누구나 내면에 자신의 문제를 스스로 해결할 수 있는 자원을
가지고 있다(Resourceful)고 믿는다.

2) 국제코칭연맹의 핵심가치

(1) 전문성(Professionalism) : 우리는 책임, 존중, 성실성, 역량 및 우수성을 포괄하
는 코칭 마인드셋과 전문적인 품질을 약속한다.

(2) 협업(Collaboration) : 우리는 사회적 연결과 커뮤니티 구축을 개발할 것을 약속
한다.

(3) 인류애(Humanity) : 우리는 인간적이고 친절하며 긍휼이 많고 타인을 존중할 것
을 약속한다.

(4) 공평성(Equity) : 우리는 코칭 마인드셋을 사용하여 다른 사람들의 요구를 탐구
하고 이해하여 항상 모두에게 평등을 만드는 공평한 프로세스를 실천할 것을 약
속한다.

3) 에노모토 히데타케[3]의 코칭 철학

(1) 모든 사람에게는 무한한 가능성이 있다.

(2) 그 사람에게 필요한 해답은 모두 그 사람 내부에 있다.

(3) 해답을 찾기 위해서는 파트너가 필요하다.

---

3) 에노모토 히데타케, 황소연 역, 『마법의 코칭』 새로운 제안, 2004.

3. 코칭의 역사(Account)

- 1500년대 헝가리의 도시 코치(Kocs)에서 만들어진 네 마리의 말이 끄는 마차에서 유래(door to door)
- 1840년대 영국 대학에서 수험지도를 하는 개인교사를 코치로 호칭
- 1880년대 스포츠 분야에서 '코치'라는 명칭 사용
- 1950년대 경영 분야에서 '코치'라는 용어 사용되기 시작
- 1992년 토마스 레너드를 중심으로 전문적인 코칭 비즈니스 탄생
- 1995년 국제코칭연맹(ICF, International Coaching Federation) 창립
- 1998년 ICF MCC Judy Santos에 의해 Christian Coach Network International (약칭 CCNII) 창립
- 2002년 한국 최초의 코칭 전문기업 설립
- 2003년 12월 한국코치협회 발족
- 2006년 한국코치협회가 고용노동부 산하 사단법인으로 인가
- 2017년 CCNII를 모델로 하여 (사)한국코치협회 종교계확산본부 기독교코칭센터(초대 센터장 홍삼열) 발족

활동 1(20분)

1) 첫 활동이니만큼 아이스브레이킹도 겸하여 전체를 두 그룹으로 나눈다.
2) 코칭은 무엇인지 알고 있는 것과 새롭게 알게 된 것을 공유한다.
3) 코칭의 철학과 핵심가치 중에 가장 마음에 와닿는 내용들을 나눈다.
4) 코칭의 역사를 보면서 생각나는 인물과 그 특징을 토의한다.

4. 윤리 실천(Norms)

1) 한국코치협회(윤리규정)

제1장 기본 윤리	제1조 사명	1. 코치는 한국코치협회의 윤리규정에 준거하여 행동합니다. 2. 코치는 코칭이 고객의 존재, 삶, 성공, 그리고 행복과 연결되어 있음을 인지합니다. 3. 코치는 고객의 잠재력을 극대화하고 최상의 가치를 실현하도록 돕기 위해 부단한 자기 성찰과 끊임없이 공부하는 평생학습자(life learner)가 되어야 합니다. 4. 코치는 자신의 전문분야와 삶에 있어서 고객의 Role모델이 되어야 합니다.
	제2조 외국윤리의 준수	1. 코치는 국제적인 활동을 함에 있어 외국의 코치 윤리규정도 존중하여야 합니다.
제2장 코칭에 관한 윤리	제3조 코칭안내 및 홍보	1. 코치는 코칭에 대한 전반적인 이해나 지지를 해치는 행위는 일절 하지 않습니다. 2. 코치는 코치와 코치단체의 명예와 신용을 해치는 행위를 하지 않습니다. 3. 코치는 고객에게 코칭을 통해 얻을 수 있는 성과에 대해서 의도적으로 과장하거나 축소하는 등의 부당한 주장을 하지 않습니다. 4. 코치는 자신의 경력, 실적, 역량, 개발 프로그램 등에 관하여 과대하게 선전하거나 광고하지 않습니다.
	제4조 접근법	1. 코치는 다양한 코칭 접근법(approach)을 존중합니다. 코치는 다른 사람들의 노력이나 공헌을 존중합니다. 2. 코치는 고객이 자신 이외의 코치 또는 다른 접근 방법(심리치료, 컨설팅 등)이 더 유효하다고 판단될 때 고객과 상의하고 변경을 실시하도록 촉구합니다.
	제5조 코칭연구	1. 코치는 전문적 능력에 근거하며 과학적 기준의 범위 내에서 연구를 실시하고 보고합니다. 2. 코치는 연구를 실시할 때 관계자로부터 허가 또는 동의를 얻은 후 모든 불이익으로부터 참가자가 보호되는 형태로 연구를 실시합니다. 3. 코치는 우리나라의 법률에 준거해 연구합니다.

표1 한국코치협회 윤리규정

제3장 직무에 대한 윤리	제6조 성실의무	1. 코치는 고객에게 항상 친절하고 최선을 다하며 성실하여야 합니다. 2. 코치는 자신의 능력, 기술, 경험을 정확하게 인식합니다. 3. 코치는 업무에 지장을 주는 개인적인 문제를 인식하도록 노력합니다. 필요할 경우 코칭의 일시 중단 또는 종료가 적절할지 등을 결정하고 고객과 협의합니다. 4. 코치는 고객의 모든 결정을 존중합니다.
	제7조 시작 전 확인	1. 코치는 최초의 세션 이전에 코칭의 본질, 비밀을 지킬 의무의 범위, 지불 조건 및 그 외의 코칭 계약 조건을 이해하도록 설명합니다. 2. 코치는 고객이 어느 시점에서도 코칭을 종료할 수 있는 권리가 있음을 알립니다.
	제8조 직무	1. 코치는 고객, 혹은 고객 후보자에게 오해를 부를 우려가 있는 정보전달이나 충고를 하지 않습니다. 2. 코치는 고객과 부적절한 거래 관계를 가지지 않으며 개인적, 직업적, 금전적인 이익을 위해 의도적으로 이용하지 않습니다. 3. 코치는 고객이 고객 스스로나 타인에게 위험을 미칠 의사를 분명히 했을 경우 한국코치협회 윤리위원회에 전달하고 필요한 절차를 취합니다.
제4장 고객에 대한 윤리	제9조 비밀의 의무	1. 코치는 법이 요구하는 경우를 제외하고 고객의 정보에 대한 비밀을 지킵니다. 2. 코치는 고객의 이름이나 그 외의 고객 특정 정보를 공개 또는 발표하기 전에 고객의 동의를 얻습니다. 3. 코치는 보수를 지불하는 사람에게 고객 정보를 전하기 전에 고객의 동의를 얻습니다. 4. 코치는 코칭의 실시에 관한 모든 작업 기록을 정확하게 작성, 보존, 보관, 파기합니다.
	제10조 이해의 대립	1. 코치는 자신과 고객의 이해가 대립되지 않게 노력합니다. 만일 이해의 대립이 생기거나 그 우려가 생겼을 경우, 코치는 그것을 고객에게 숨기지 않고 분명히 하며, 고객과 함께 좋은 대처방법을 찾기 위해 검토합니다. 2. 코치는 코칭 관계를 해치지 않는 범위 내에서 코칭 비용을 서비스, 물품 또는 다른 비금전적인 것으로 상호교환(barter)할 수 있습니다.

2) 국제코칭연맹(윤리 기준)

제1장 고객에 대한 책임	1. 최초 미팅 전이나 그 미팅에서 나의 코칭 고객 및 후원자가 코칭의 성격과 잠재적 가치, 비밀유지의 성격과 한계, 재정적 합의 및 기타 코칭 협의 조건을 이해하고 있음을 설명하고 확인한다. 2. 서비스를 시작하기 전에 내 고객(들) 및 후원자(들)와 관련된 모든 당사자의 역할, 책임 및 권리에 관한 협의/계약을 작성한다. 3. 합의된 대로 모든 당사자와 가장 엄격한 수준의 비밀을 유지한다. 나는 개인정보 및 통신과 관련된 모든 관련 법률을 알고 있으며 준수할 것에 동의한다. 4. 모든 코칭 상호작용 중에 관련된 모든 당사자 간에 정보가 교환되는 방식을 명확하게 이해한다. 5. 정보가 비밀로 유지되지 않는 조건(예 : 불법 활동-유효한 법원 명령 또는 소환장에 따라 법이 요구하는 경우, 자신 또는 타인에게 위험이 임박했거나 발생할 가능성이 있는 경우)에 대해 고객 및 후원자 또는 이해 관계자와 명확한 이해가 있어야 한다. 위의 상황 중 하나가 적용 가능하다고 합리적으로 믿는 경우 적절한 당국에 알려야 할 수 있다. 6. 내부 코치로 일할 때, 코칭 협의 및 지속적인 대화를 통해 나의 코칭 고객 및 후원자와의 이해 상충 또는 잠재적 이해 상충을 관리한다. 여기에는 조직의 역할, 책임, 관계, 기록, 비밀유지 및 기타 보고 요구 사항을 다루는 것이 포함되어야 한다. 7. 비밀 유지, 보안 및 개인정보 보호를 장려하고 관련 법률 및 협의를 준수하는 방식으로 업무상 상호 작용 중에 생성된 모든 기록(전자 파일 및 통신 포함)을 유지, 저장 및 폐기한다. 또한 코칭 서비스(기술 지원형 코칭 서비스)에 사용되는 신흥 기술 개발을 적절하게 활용하고 다양한 윤리 표준이 적용되는 방식을 인지한다. 8. 코칭 관계로부터 받은 가치에 변화가 있을 수 있다는 조짐에 주의를 기울인다. 그리고 실제 그럴 경우 관계에 변화를 주거나, 고객/후원자가 다른 코치 또는 다른 전문가를 찾거나, 다른 자원을 활용하도록 권장한다. 9. 협의 조항에 따라 코칭 프로세스 중 어떤 이유로든 어떤 시점에서든 코칭 관계를 종료할 수 있는 모든 당사자의 권리를 존중한다. 10. 이해 상충 상황을 피하기 위해 동일한 고객(들) 및 후원자(들)와 동시에 여러 계약 및 관계를 맺는 것이 초래할 수 있는 결과를 민감하게 받아들인다. 11. 문화적, 관계적, 심리적 또는 맥락적 문제로 인해 발생할 수 있는 고객과 나 사이의 권한 또는 지위의 차이를 인식하고 적극적으로 관리한다. 12. 내 고객을 제3자에게 추천함으로써 받을 수 있는 잠재적 보상 수령 및 기타 혜택을 고객에게 공개한다. 13. 어떤 관계에서든 합의된 보상의 양이나 형태에 관계없이 일관된 코칭 품질을 보장한다.

표2 국제코칭연맹 윤리기준

제2장 실습과 수행에 대한 책임	14. 모든 상호작용에서 ICF 윤리강령을 준수한다. 본인이 강령 위반 가능성을 스스로 인지하거나 다른 ICF 전문가의 비윤리적 행동을 인지할 경우 관련자들과 함께 문제를 정중하게 제기한다. 이 방법으로 문제가 해결되지 않으면 공식 기관(예 : ICF Global)에 문의하여 해결한다. 15. 모든 지원 담당자는 ICF 윤리강령을 준수해야 한다. 16. 지속적인 개인적, 전문적, 윤리적 개발을 통해 탁월함에 헌신한다. 17. 나의 코칭 성과 또는 전문 코칭 관계를 손상시키거나, 충돌하거나, 방해할 수 있는 나의 개인적인 한계 또는 상황을 인식한다. 취해야 할 조치를 결정하기 위해 지원을 요청하고 필요한 경우 즉시 관련 전문 지침을 구한다. 여기에는 나의 코칭 관계의 중단 또는 종료가 포함될 수 있다. 18. 관련 당사자와 함께 문제를 해결하거나, 전문적인 도움을 구하거나, 일시적으로 중단하거나 전문적인 관계를 종료하여 이해 상충 또는 잠재적 이해 상충을 해결한다. 19. ICF 회원의 프라이버시를 유지하고 ICF 회원의 연락처 정보(이메일 주소, 전화번호 등)를 ICF 또는 ICF 회원이 승인한 대로만 사용한다.
제3장 전문성에 대한 책임	20. 나의 코치 자격, 코칭 역량 수준, 전문성, 경험, 교육, 인증 및 ICF 자격 인증을 정확하게 확인한다. 21. 내가 ICF 전문가로서 제공하는 것, ICF가 제공하는 것, 코치 직업 및 코칭의 잠재적 가치에 대해 진실하고 정확한 구두 및 서면 진술을 한다. 22. 이 강령에서 정한 윤리적 책임에 대해 알아야 하는 사람들과 소통하고 인식을 제고한다. 23. 물리적 또는 기타 상호 작용을 지배하는 명확하고 적절하며 문화적으로 민감한 경계를 인식하고 설정하는 책임을 진다. 24. 고객 또는 후원자와 성적인 관계를 맺거나 연애를 하지 않는다. 나는 관계에 적합한 친밀함의 수준을 항상 염두에 둔다. 문제를 해결하거나 계약을 취소하기 위해 적절한 조치를 취한다.
제4장 사회에 대한 책임	25. 모든 활동과 운영에서 공정성과 평등을 유지하면서 지역의 규칙과 문화 관행을 존중함으로써 차별을 피한다. 여기에는 연령, 인종, 성별 표현, 민족성, 성적 취향, 종교, 출신 국가, 장애 또는 군복무 상태에 따른 차별이 포함되며 이에 국한되지 않는다. 26. 다른 사람의 기여와 지적 재산을 인정하고 존중하며 고유한 내 자료에 대한 소유권만 주장한다. 이 표준을 위반하면 제 3자에 의해 법적 구제를 받을 수 있음을 이해한다. 27. 연구를 수행하고 보고할 때 정직하고 인정된 과학 표준, 적용 가능한 주제 지침 및 내 능력의 경계 내에서 일한다. 28. 나와 내 고객이 사회에 미치는 영향을 인지한다. 나는 "선을 행하는 것"과 "나쁜 것을 피하는 것"의 철학을 고수한다.

3) 코칭세션에서의 윤리규정 안내 예시

   (1) 안녕하세요? ○○○코치입니다.

   (2) 오늘 코칭대화를 하면서 어떻게 불러드리면 편하시겠어요?

   (3) 저는 한국코치협회 인증코치로서 코칭대화내용에 대해 비밀을 지켜드리고 한국코치협회 윤리규정을 준수할 것을 약속드립니다.

   (4) 그리고 허락을 구할 것이 하나 있는데요. 오늘 코칭 내용을 녹취해서 자격응시를 앞두고 코칭 지도를 받는 용도로 사용하려고 하는데 허락해 주시겠습니까?

5. 자기 인식(Discipline)

1) 한국코치협회(역량 2 행동지표)
  (1) 지금 여기의 생각, 감정, 욕구에 집중한다.
    - 생각과 감정과 욕구는 순차적으로나 역순으로 서로 연결되어 있음을 이해하고 지금 여기에서 일어나는 생각, 감정, 욕구 등 상황에 대한 민감성을 유지해야 한다.
  (2) 생각, 감정, 욕구가 발생하는 배경과 이유를 감각적으로 알아차린다.
    - 코치 자신의 생각, 감정, 욕구가 어떤 맥락에서 발행했는지, 심리적 요인이 무엇인지 감각적으로 알아차린다. 고객에 대한 코치의 판단으로 고객이 방어기제가 작동하지 않도록 코치는 판단을 보류한 상태에서 고객을 대해야 한다.
  (3) 직관과 성찰을 통해 자신의 생각, 감정, 욕구가 미치는 영향을 인식한다.
    - 직관은 판단이나 추리 등을 거치지 않고 대상을 직접 파악하는 작용으로 코치 자신의 내적 상태가 코칭에 영향을 미친다고 직관적으로 알게 되면 즉시 성찰하고 자신의 메타인지를 활용할 수 있어야 한다.
  (4) 자신의 특성, 강약점, 가정과 전제, 관점을 평가하고 수용한다.
    - 자신의 특성, 강약점, 가정과 전제, 관점에 대해 코칭 상황에 대한 적절성을 평가하고 결과를 수용하며, 코치의 선입견을 수시로 점검한다.
  (5) 자신의 존재를 인식하고 신뢰한다.
    - 코치는 지금 여기 코치로 존재한다는 방식을 신뢰해야 자신의 말과 행동을 유연하게 최적화할 수 있다. 코치로서의 자기 신뢰가 미약하면 고객과 신뢰를 주고받을 수 없다.

2) 국제코칭연맹(PCC Markers 2)

  (1) 개방적이고 호기심이 많으며 유연하고 고객 중심적인 코칭 마인드셋을 구현하는 것은 지속적인 학습 및 개발, 성찰적 관행 수립 및 세션 준비가 필요한 프로세스이다.

  (2) 이러한 요소는 코치의 전문적인 여정에서 발생하며 한순간에 완전히 포착할 수는 없다. 그러나 이 역량의 특정 요소는 코칭 대화 내에서 입증될 수 있다.

3) 지금 여기(Here & Now)

  (1) 고객이 말하는 것이 배경(Background)으로 밀려나고 코치의 경험을 나누고 싶은 생각이 전경(Foreground)으로 올라올 때 이를 알아차리고 전경을 배경으로 밀어내고, 고객의 말에 집중한다.

  (2) 고객의 생각에 코치의 생각을 오버랩하지 않고 고객의 생각 속에 들어가 고객과 함께 탐험한다.

  (3) 고객의 신념, 정체성, 비전, 잠재력 등에 대한 호기심을 가질 수 있는 것도 코치 자신의 에너지가 있어야 가능하다.

4) 직관(Intuition)과 메타인지

  (1) 직관이란 생각이나 판단 없이 갑자기 떠오르는 느낌이다. 예컨대 고객이 자신이 없다거나 보잘것없는 존재로 여기고 있다면 다음과 같이 직관을 나눌 수 있다. 직관이 은유일 때는 그에 대한 코치의 해석은 피한다.

  (2) "제가 느끼는 것을 잠깐 나눠도 될까요? 고객님께서 몇 가지 이루신 것을 들으면서 고객님의 열정과 추진력이 느껴졌습니다. 어떠신가요?"

5) 존재 인식과 자신감
    (1) 살아내기도 바쁜 세상에 누군가를 도울 수 있는 코치의 길을 선택했다는 것만으로도 위대한 것이다. 코칭을 잘하고 못하는 것에 마음을 뺏기지 말고 코칭 프로세스만으로도 큰 도움을 줄 수 있다는 마인드셋으로 자신감을 갖는다.
    (2) 자신의 존재를 귀하게 여기는 마음이 확장되어 고객의 존재를 귀하게 여길 수 있다.
    (3) 고객의 존재 인식은 고객의 정체성, 가치관, 비전과 삶의 목적 등을 탐색하면서 구체화할 수 있다.

실습 2(20분)

1) 두 사람씩 짝이 되어 한 사람은 코치가 되고 한 사람은 고객이 된다.
2) 고객은 코치의 길에 들어서게 된 과정과 이유를 3분간 이야기한다.
3) 코치는 '지금 여기'에 집중하며 경청한 후 자신의 생각이 떠올랐던 경험을 공유한다.
4) 역할을 바꾼 후, 고객은 힘들었던 경험을 3분간 이야기한다.
5) 코치는 직관을 나누며 고객의 에너지가 올라가도록 돕는다.
6) 코치는 지금 여기에 집중하는 훈련을 수도사처럼 지속할 필요가 있다.

■ Wrap Up(활동 3 - 10분)

(1) 기억에 남는 것

(2) 재미있었던 것

(3) 의미 있었던 것

(4) 적용할 것

코칭 대화모델 SCORE

- SCORE 코칭 대화모델을 이해하고 훈련하여 프로세스에 따라 코칭할 수 있다.

- 고객과 라포를 형성하고 코칭세션과 코칭 목표를 합의할 수 있다.

- 자원을 탐색하면서 알아차린 것을 바탕으로 실행 계획과 후원 환경 설계를 지원할 수 있다.

M2. 코칭 대화모델 SCORE

1. 라포 형성(Synergy building)

1) 한국코치협회(역량 5 행동지표)
   (1) 코치는 고객을 수평적인 관계로 인정하며 대한다.
      - 코치와 고객은 상하관계가 아닌 동반자적인 계약 관계이다. 코치는 비지시적인 태도로 고객이 선택하고 결정하도록 요청한다.
   (2) 고객과 라포를 형성하여 안전한 코칭 환경을 유지한다.
      - 고객 중심의 코칭 관계는 신뢰감과 안전감이 바탕이 되어야 한다. 라포 형성은 코칭의 모든 단계에서 활용되는 것으로 공감, 반영, 인정, 칭찬 등의 기법을 사용한다.
   (3) 고객에게 긍정 반응, 인정, 칭찬, 지지, 격려 등의 언어를 사용한다.
      - 코치는 고객에게 지지와 공감, 관심을 보여주고 비교하는 언어, 판단, 비평, 강요, 당연시하는 언어 사용은 지양해야 한다.
   (4) 고객의 특성, 정체성, 스타일, 언어와 행동 패턴을 알아주고 코칭에 적용한다.
      - 고객의 고유한 재능, 통찰, 노력을 인정하고 존중하며 코칭 시 매 순간 춤추듯이 고객과 연결하고 주관적인 판단, 평가, 해석은 지양해야 한다.
   (5) 코치는 고객에게 자신의 생각, 느낌, 감정, 알지 못함, 취약성 등을 솔직하게 드러낸다.
      - 고객과의 신뢰를 구축하기 위해 자신의 생각, 느낌, 감정, 알지 못함을 솔직하게 표현해야 한다. 단지 기분을 맞추어 주는 것이 아니라 진솔한 태도를 바탕으로 진실을 말하는 용기를 가지고 적절한 은유를 사용하여 설명할 수 있다. 전문적인 용어 사용은 최소화한다.
   (6) 코치는 고객의 주제와 존재에 대해서 관심과 호기심을 유지한다.
      - 고객은 자신이 살아오는 데 있어서 가장 전문적인 사람이다. 고객의 주제와 함께 가치, 신념, 존재에 대하여 호기심을 가지고 탐구해야 한다.

2) 국제코칭연맹(PCC Markers)

    (1) 코치는 고객이 코치의 기여에 어떤 식으로든 응답하도록 초대하여 고객과 파트너 관계를 맺고 고객의 응답을 수락한다. (4-4)

    (2) 코치는 고객이 이 세션에서 일어날 일을 선택할 수 있도록 지원함으로써 고객과 파트너 관계를 맺는다. (5-3)

    (3) 코치는 고객에 대한 지원, 공감 또는 관심을 보여준다. (4-2)

    (4) 코치는 고객의 감정, 인식, 우려, 신념 또는 제안의 표현을 인정하고 지원한다. (4-3)

    (5) 코치는 코칭 과정에서 고객의 고유한 재능, 통찰력 및 노력을 인정하고 존중한다. (4-1)

    (6) 코치는 고객의 존재(누구)에 응답하여 행동한다. (5-1)

    (7) 코치는 고객에 대해 더 많이 알고 싶어 하는 호기심을 보여준다. (5-4)

3) 라포 형성의 의미

    (1) 라포 형성은 코칭을 시작하는 첫 단계에서 코치와 고객 사이에 서로 신뢰가 높아지고, 어떤 이야기를 해도 괜찮을 것 같은 심리적 안전감을 조성하기 위해 꼭 필요하다.

    (2) 가벼운 이야기로 시작하고 긍정적인 기분에 접속하여 코칭세션을 합의하면 다음 단계로 이어진다.

    (3) "어떤 좋은 일이 있으셨어요?"라고 질문을 했음에도 안 좋은 일을 이야기한다면 "어떤 마음이 되기를 원하시나요?" 등의 질문으로 기분을 전환하도록 지원한다.

    (4) 라포 형성은 코칭을 시작할 때만 필요한 것이 아니라 코칭세션 내내 신뢰와 안전감 있는 분위기가 지속되어야 한다.

    (5) 코칭은 코치가 고객에게 대화의 파워를 넘겨주어 고객이 마음껏 탐험하도록 지원하는 것이므로 '알지 못함(Not Knowing)'과 취약성을 드러내는 것이 코치의 역량이 된다.

4) 코칭세션에서의 라포 형성 예시

   (1) 오늘 함께 코칭대화를 나누게 되어 반갑습니다.

   (2) 오늘 어떻게 지내셨어요?

   (3) 지난 코칭세션 이후에 어떤 좋은 일이 있으셨어요?

   (4) 이 계절에 있었던 사건 중에서 기억에 남는 일을 나눠주시겠어요?

   (5) 지금 마음은 어떠신가요?

   (6) 고객님 몸의 상태는 어떠신가요?

   (7) 어떤 마음이 되기를 원하시나요?

   (8) 그런 마음을 담아서 코칭을 해도 될까요?

실습 3(30분)

1) 두 사람씩 짝이 되어 한 사람은 코치가 되고 한 사람은 고객이 된다.

2) 윤리 규정 안내 멘트를 다시 나누고, 위의 예시를 참조하여 라포 형성을 위한 대화를 간략하게 나눈다.

3) 역할을 바꿔서 진행한다.

4) 라포 형성에서 나눌 수 있는 질문을 브레인스토밍으로 함께 찾아본다.

5) 그림카드[4]를 활용하면 자연스럽게 라포를 형성할 수 있다. 대부분의 그림카드는 약 50장 안팎으로 구성되어 있다. 그림이나 사진을 펼쳐놓고 자기를 소개하기에 좋은 그림을 한 장 선택하게 한 후 그 사진과 연결하여 자신을 소개한다.

6) 코칭세션을 시작할 때의 라포 형성이 점차 모든 사람과의 만남에서도 적용이 되고, 가장 가까워서 함부로 대하기 쉬운 가족과의 관계에서까지 적용이 된다면 코칭의 수준은 저절로 향상될 것이다.

---

[4] 본원에서 제작한 카드로 '질문느낌카드'가 있다. 앞면에는 표정을 캐릭터로 표현했고, 뒷면에는 질문이 한글과 영문으로 인쇄되어 있다. 앞면과 뒷면은 서로 연관성은 없고, 두 가지 카드를 하나의 카드에 담은 실용적인 카드라고 할 수 있다.

2. 목표 설정(Clarifying objectives)

1) 한국코치협회(역량 4 행동지표)
   (1) 고객에게 코칭을 제안하고 협의한다.
     - 코칭을 권유하고 제안할 때는 고객의 이슈, 요구사항, 현황 등을 파악한 후 제안 배경, 코칭 주제와 범위, 코칭 규모, 코칭 기간, 코칭 전개 프로세스, 기대효과, 차별화된 코칭 특·장점, 코칭 비용, 코치 소개, 기타 잠재 고객의 상황에 따른 내용으로 구성하여 제안과 설명을 하고 협의한다.
   (2) 고객과 코칭 계약을 하고, 코칭 동의와 코칭 목표를 합의한다.
     - 코칭을 시작하기 전에 고객과 코칭 동의서를 작성하고 코칭을 마무리했을 때 코칭 성과를 평가하는 기준이 되는 코칭 목표를 합의하는 과정을 밟는다.
   (3) 코칭 과정 전체를 관리하고 이해관계자를 포함한 고객과 소통한다.
     - 계약자, 의사결정자, 후원자를 이해관계자에게 다회기 코칭의 경우 코칭 보고서를 작성하여 공유하는 것이 바람직하다. 보고서를 공유하는 것은 비밀유지 규정과 연결되므로 고객의 동의를 구해야 한다.
   (4) 고객과 합의한 코칭 주제와 목표에 대한 성과를 관리한다.
     - 고객이 관심을 갖는 주제에서 코칭세션을 통해 성과를 확인할 수 있도록 고객과 합의한 것이 목표로 목표에는 결과물이나 성과지표가 수반된다. 가능하면 고객과 이해관계자와 함께 코칭 성과를 공유하는 것이 바람직하다.
   (5) 코칭에 필요한 관련 지식, 기술, 태도 등의 전문 역량을 계발한다.
     - 코칭 전문 역량을 위해 다양한 이론, 개념 기법 등을 체계적으로 습득하여 계발하는 것이 필요하다.

2) 국제코칭연맹

   (1) 코치는 고객과 협력하여 고객이 이 세션에서 달성하고자 하는 것을 식별하거나 재확인한다. (PCC Markers 3-1)

   (2) 코치는 고객과 협력하여 고객이 이 세션에서 달성하고자 하는 것에 대한 성공 척도를 정의하거나 재확인한다. (PCC Markers 3-2)

   (3) 코치는 이 세션에서 달성하고자 하는 것에 대해 고객에게 중요하거나 의미 있는 것이 무엇인지 문의하거나 탐구한다. (PCC Markers 3-3)

   (4) 코치는 고객과 협력하여 고객이 이 세션에서 달성하고자 하는 것을 달성하기 위해 해결해야 한다고 생각하는 것을 정의한다. (PCC Markers 3-4)

   (5) 코치로서 지속적인 학습 및 개발에 참여한다. (역량 2-2)

   (6) 고객, 스폰서 및 이해관계자에게 적절하고 존중하는 언어를 사용한다. (역량 1-3)

3) 목표 설정의 의미

   (1) M4의 '코칭 계약'에서 소개할 환영 편지와 코칭 동의서를 작성하는 단계도 이 역량에 포함된다.

   (2) 그룹 코칭은 담당자와 만나서 사전에 목표를 세워야 하지만, 일대일 코칭은 환영 편지에서 미리 사전 질의를 통해 대략의 주제를 받아놓았다 하더라도 코칭세션 내에서 구체적인 목표를 합의해야 한다.

   (3) 코칭은 한담이 아니라 집적된 대화이기에 고객이 편안하게 이야기할 수 있는 일반적인 주제에서 출발하여 코칭세션 내에서 성취할 수 있는 목표로 구체화하는 것이 목표 설정 단계이다.

4) 코칭세션 내에서의 목표 설정 예시

   (1) 오늘 어떤 주제로 대화를 나누시겠어요?

   (2) 좀 더 구체적으로 말씀해 주시겠어요?

   (3) 지금 말씀하신 것은 어떤 의미로 말씀하신 것인가요?

   (4) 그것을 통해 정말 원하시는 것은 무엇인가요?

   (5) 오늘 코칭세션을 통해 무엇을 얻으시면 만족하시겠어요? 그것을 얻으셨다는 것을 어떻게 확인할 수 있을까요?

   (6) 다 이루신 것을 10점이라고 한다면 지금은 몇 점(예 : 2점)인가요? 그 점수는 어떤 상태인가요? 오늘 코칭세션을 통해 몇 점이면 만족하시겠습니까? 그 점수(예 : 8점)는 어떤 상태인가요?

   (7) 오늘의 세션에서 성취하고자 하시는 목표를 한 문장으로 정리해 주시겠어요?

   (8) 그것을 성취하기 위해 먼저 다루어야 할 것은 무엇인가요?

실습 4(30분)

1) 두 사람씩 짝이 되어 한 사람은 코치가 되고 한 사람은 고객이 된다.

2) 코치는 윤리 규정 안내 멘트를 나누고, 라포 형성을 위한 대화를 간략하게 나눈 후, 앞의 예시를 참조하여 주제에서 목표 설정을 위한 대화를 진행한다.

3) 역할을 바꿔서 진행한다.

4) 피드백을 나눈다.

5) 목표 설정에서 나눌 수 있는 질문을 브레인스토밍으로 함께 찾아본다.

6) 조직이나 공동체에서 코칭을 위임받았을 때는 전사적 차원의 목표가 있고, 그 목표를 구성원들과 공유할 때 구성원들 각자가 세워야 할 목표는 보다 구체화되어야 한다. 이런 경우 목표는 SMART 기준으로 분명한 목표를 찾아야 한다. SMART란 Specific, Measurable, Acceptable, Realistic, Time-bounded의 머리글자를 의미한다. 명확한 목표, 측정 가능한 목표, 수용 가능한 목표, 실제적인 목표, 기한 내에 가능한 목표로 구체화한다. 이를 위해 SMART 자체가 질문이 될 수도 있고, 육하원칙에 Want와 How much를 더한 6W2H로 질문할 수 있다.

7) 이를 위해 '목표 관리'에 대해서 연구해보자.

3. 자원 탐색(Organizing resouces)

1) 자원 탐색의 의미 - 목표 설정과 실행 계획 사이에서

    (1) 자원 탐색이란 고객과 합의한 목표를 성취하기 위해 구체적인 실행계획을 세우기 전에 고객 자신만의 강점을 발견하는 것을 지원할 수 있다.

    (2) 코칭의 역량은 앞에서 다루었던 관계 구축(신뢰와 안전감 조성), 코칭 스킬에서 구체적으로 다루게 될 적극 경청이 적용되지만, 특히 의식 확대(알아차림 불러 일으키기)가 주된 역량이라고 할 수 있다.

    (3) 고객의 고유한 재능, 통찰력 및 노력을 인정하고 존중하면서 대화한다.

    (4) 고객을 지원하고 공감하고 관심을 보여준다.

    (5) 코치와 고객의 대화 점유율은 20:80이 이상적이지만 고객의 대답이 짧게 끝나는 경우 고객이 더 표현할 수 있도록 중간 질문을 통해 지원해야 한다.

    (6) 은유나 침묵 등 도구를 활용하여 고객을 초대한다.

    (7) 고객이 추구하는 가치와 신념을 질문하여 실행의 의지를 높인다.

    (8) 그런 가치나 신념을 가진 고객이 얼마나 대단한 존재인지 자각하게 한다.

    (9) 고객이 이야기하는 동안 스페이스를 가지고 기다리며 함께한다.

    (10) 비언어적인 요소인 표정, 몸짓, 음색, 목소리의 높낮이 등을 놓치지 않고 질문하며 경청한다.

    (11) 코칭대화 속에서 고객이 새로운 존재로 거듭나고 싶은 내용을 질문한다.

    (12) 다양한 관점에서 생각할 환경을 위해 새로운 상황으로 나아갈 수 있도록 지원한다.

2) 코칭세션 내에서의 자원 탐색 예시

   (1) 지금 미래를 한번 상상해봤으면 하는데 가능하실까요? 이 목표가 고객님의 상상
       대로 된다면 어느 정도 기간이 걸릴까요? 그 기간 후에 눈을 감고 한번 같이 여행
       해 보실까요? (4-5초 침묵) 지금 어디에 계시나요? 누구와 어떤 이야기를 나누고
       계시나요? 그곳의 분위기는 어떤가요? 그때의 고객님께서 현재의 고객님에게 어
       떤 말을 해주고 싶으신가요?

   (2) 그렇게 말씀하시면서 표정이 변화되셨는데 어떤 마음인가요?

   (3) 말씀하시는 동안에 힘이 느껴졌는데 그것이 무엇인지 궁금해졌습니다.

   (4) 그렇게 이야기하고 나시니까 어떤 마음의 역동이 일어나시나요?

   (5) 그렇게 말씀하시고 나니까 어떤 마음의 여운이 남으시나요?

   (6) 오늘 이야기 나누신 것 중 고객님에게 가장 중요했던 것은 무엇인가요?

   (7) 이런 중요성을 가지고 성취하고자 하시는 고객님은 어떤 분이신가요?

실습 5(30분)

1) 두 사람씩 짝이 되어 한 사람은 코치가 되고 한 사람은 고객이 된다.

2) 앞 장에서 세웠던 목표를 가지고 위의 예시를 참조하여 자원을 탐색하는 대화를 진행한다.

3) 역할을 바꿔서 진행한다.

4) 피드백을 나눈다.

5) 자원 탐색에서 나눌 수 있는 질문을 브레인스토밍으로 함께 찾아본다.

6) 인맥 등을 활용하는 외부의 자원도 경우에 따라서 질문할 수 있으나 내부적인 자원이 더
   중요하다. 내부적 자원을 만나는 모든 사람들 속에서 호기심을 갖고 탐색해보자.

4. 실행 계획(Roadmap execution)

1) 한국코치협회(역량 8 행동지표)

  (1) 고객의 학습과 통찰을 자신의 가치관 및 정체성과 통합하도록 지원한다.

    - 코칭 대화를 통해 배우고 익힌 학습과 새로운 발견과 깨달음을 얻은 통찰을 자신의 정체성과 가치관에 통합하게 함으로 실행력을 강화하고 지속 성장과 변화를 지원한다.

  (2) 고객이 행동 설계 및 실행을 자율적이고 주도적으로 하도록 고취한다.

    - 고객 스스로 선택하고 책임을 지도록 지지하고 격려한다. 고객의 자율성에 기반한 내적 동기로 행동할 때 자기실현 경향성이 더 높아진다.

  (3) 고객이 실행 계획을 실천할 수 있는 후원 환경을 만들도록 지원한다.

    - 코칭을 통해 일어난 새로운 학습과 통찰이 실천으로 연결되어 성과 창출을 경험할 때 지속 성장과 변화를 실감할 수 있다. 후원환경이란 실천과 점검을 고객 스스로 하고 관련 이해관계자와 협력 관계를 맺게 하고, 예상되는 장애 극복 방안 등을 구축하도록 지원한다.

  (4) 고객이 행동 전환을 지속하도록 지지하고 격려한다.

    - 행동전환은 삶의 목적과 가치, 재미요소 등과 연결될 때 이를 지지하고 격려한다. 실패했을 경우에도 얻은 교훈을 확인하고 격려한다.

  (5) 고객이 실행한 결과를 성찰하도록 돕고, 차기 실행에 반영하도록 지원한다.

    - 실행결과를 고객과 함께 점검하고 실천 과정을 성찰할 수 있도록 돕는다. 세션과 세션 사이 실행한 것을 정리하게 하고 알아차린 것을 표현하도록 요청하는 것이 효과적이다. 긍정 요소는 강화하고 부정 요소는 제거함으로 다음 실행의 성공 가능성을 높일 수 있도록 지원한다.

  (6) 고객의 변화와 성장을 축하한다.

    - 고객의 실행을 격려하고 그 결과를 함께 기뻐하며 변화와 성공을 축하한다. 고객의 성과뿐 아니라 고객의 내재적인 변화와 성장을 작은 것이라도 놓치지 않고 감지하여 함께 알아차리는 것이 중요하다. 코칭세션이 끝나면 코칭 전반에 대한 평가를 하고 마무리한다.

2) 국제코칭연맹(PCC Markers 8)

   (1) 코치는 고객이 이 세션에서 달성하고자 하는 것을 향한 진행 상황을 탐구하도록 초대하거나 허용한다.

   (2) 코치는 이 세션에서 자신(누구)에 대한 고객의 학습을 진술하거나 탐구하도록 고객을 초대한다.

   (3) 코치는 이 세션에서 고객의 상황(무엇)에 대한 고객의 학습을 진술하거나 탐구하도록 고객을 초대한다.

   (4) 코치는 고객이 이 코칭세션에서 새로운 학습을 어떻게 사용할 것인지 고려하도록 초대한다.

   (5) 코치는 고객과 협력하여 세션 후 생각, 성찰 또는 행동을 설계한다.

   (6) 코치는 고객과 협력하여 자원, 지원 또는 잠재적 장애요인을 포함하여 앞으로 나아가는 방법을 고려한다.

   (7) 코치는 고객과 협력하여 자신을 위한 최선의 책임 방법을 설계한다.

   (8) 코치는 고객의 발전과 학습을 축하한다.

   (9) 코치는 이 세션을 완료하는 방법에 대해 고객과 협력한다.

3) 실행 계획의 의미

   (1) 특허를 받을 만한 탁월하고 창의적인 아이디어를 한 번도 생각해보지 않은 사람은 거의 없을 것이다. 그러나 특허를 받기 위해 실행에 옮기지 않으면 성과를 얻을 수도 없고 기여할 일도 많지 않다.

   (2) 많은 사람들이 다이어트를 해마다 시도하지만 성공하는 경우는 드물다. 그 이유는 실행 계획은 세웠지만 결과가 나올 때까지 지속하지 않았기 때문이다.

   (3) 구체적인 목표를 설정한 것을 외부적 또는 내부적인 자원 탐색을 통해 에너지를 극대화하여 실행 계획을 고객 스스로 자기답게 세우면 그 실행을 지속할 수 있는 힘이 발현된다.

4) 진행 방법

   (1) 실행 계획을 세우기 전에 해당 목표를 위해 시도해 보았던 경험을 떠올려보게 한다. 이것은 새로운 계획을 세우기 위해 참조가 된다.

   (2) 몇 가지 새로운 계획을 세우게 한 뒤 그중에서 가장 시급하고 중요한 것을 선택하게 한다.

   (3) 한 가지 선택한 실행 계획을 SMART라는 카테고리에 따라 명확하게 정리하도록 지원한다. SMART는 목표 설정에서 언급한 것과 유사한 명확하고(Specific), 측정 가능하며(Measurable), 달성 가능하고(Accomplishment), 실제적이며(Realistic), 기간 내 달성할 수 있는(Time-limited) 계획이다.

5) 코칭세션 내에서의 실행 계획 예시

   (1) 오늘의 목표를 위해서 그동안 경험하신 것을 나눠주시겠어요?

   (2) 오늘 대화하시면서 스스로 배움이 일어나신 것이 있으면 나눠주시겠어요?

   (3) 그 배움을 통해 자신에 대해서 새롭게 인식된 것이 있다면 무엇인가요?

   (4) 알아차린 것을 바탕으로 새롭게 무엇을 시도해 보실 수 있을까요?

   (5) 새로운 관점으로 시도해 보실 계획을 하나 더 말씀해 주시겠어요?

   (6) 이 목표를 가장 잘 성취하신 존경하는 분을 떠올려 보신다면 그분은 고객님에게 무엇을 해보라고 추천해 주실까요?

   (7) 고객님 주변에 눈에 띄는 물건 하나 말씀해 주시겠어요? 그 물건이 고객님에게 무엇을 해보라고 이야기해 주나요?

   (8) 말씀하신 것 중에 가장 중요하거나 먼저 해야 할 것은 무엇인가요?

   (9) 그 계획을 언제부터 시작하시겠어요?

   (10) 이런 실행계획을 위해서 고객님이 하셔야 할 첫 스텝은 무엇인가요?

실습 6(30분)

1) 두 사람씩 짝이 되어 한 사람은 코치가 되고 한 사람은 고객이 된다.

2) 앞에서 세웠던 목표와 자원 탐색에 이어서 앞의 예시를 참조하여 실행 계획을 세우는 대화를 진행한다.

3) 역할을 바꿔서 진행한다.

4) 피드백을 나눈다.

5) 실행 계획에서 나눌 수 있는 질문을 브레인스토밍으로 함께 찾아본다.

6) 본 교재 심화 과정 부분인 M8에서 더 훈련할 것이다.

7) 실행의 지속성을 위해서 코치 자신이 먼저 실행 계획을 세우고 지속할 수 있는 Miracle morning과 같은 환경에서 함께 하는 것을 추천한다.

5. 후원 환경(Encouraging environment)

1) 후원 환경의 의미
 (1) 코칭핵심역량은 실행 계획에 연속되는 부분으로 성장 지원에 해당한다.
 (2) 고객 자신이 세운 실행 계획을 스스로 책임져야 하기에 그 책임질 수 있는 환경을 구성하도록 지원한다.
 (3) 계획을 실행하는 과정에서 예상되는 어려움이나 장애요인을 묻고 이에 대한 극복방안을 질문하여 장애가 있더라도 헤쳐 나갈 수 있는 환경을 지원한다.
 (4) 중요한 후원 환경에는 승인자, 조언자, 전달자가 있다.
 (5) 목표를 설정할 때 세웠던 기대 수준이 성취되었는지를 확인한다.
 (6) 고객이 알아차림을 통해 성취한 것을 축하한다.
 (7) 다음 코칭세션의 시간을 약속하고 마무리한다.
 (8) 수업시간 이외의 코칭세션을 마치면 코칭 노트를 점검하고 코칭 일지를 기록한다. 코칭 노트와 코칭 일지는 챕터 마지막 부분을 참고한다.

2) ACE 후원 환경(표3 참조)
 (1) 승인자(Accountable)는 실행 계획이 누군가의 승인을 받아야 할 경우에만 해당된다.
 (2) 조언자(Consulted)는 계획을 실행하는 데 도움을 받을 수 있는 사람이다.
 (3) 전달자(Eco-informed)는 실행 계획을 슬그머니 혼자 생각했다가 안 하면 그만인 상태가 되지 않도록 누군가에게 공유하고 자랑해서 안 하면 면목이 없어지기 때문에 할 수밖에 없게 만드는 후원 환경이다.

승인자(A)	조언자(C)	전달자(E)

표3 ACE 후원환경

3) 코칭세션 내에서의 후원 환경 예시

  (1) 이 계획을 실행하는 데 있어서 예상되는 장애요인을 나눠주시겠어요?

  (2) 그 장애요인은 어떻게 극복하시겠습니까?

  (3) 이 계획을 실행하기 위해서 누구의 도움이 있으면 좋으실까요?

  (4) 이 계획을 실행한다는 사실을 누구에게 알리면 실행력이 높아질까요?

  (5) 오늘 코칭대화는 어떠셨나요? 목표를 세울 때 이 점수가 되면 만족하시겠다고 했는데 지금 몇 점인가요?

  (6) 코칭대화를 나누면서 스스로 이룬 성취나 코칭 전과 비교해서 더 나아졌다고 생각하는 것은 무엇인가요?

  (7) 성취하셨다니 기쁘시겠습니다. 축하드립니다.

  (8) 약속된 시간이 다 되어가긴 하는데 더 하실 말씀이 있으신가요? 고객님께서 원하시는 곳에 서시리라고 확신하며 응원드립니다.

  (9) 이상으로 코칭대화를 마쳐도 될까요?

실습 7(30분)

1) 두 사람씩 짝이 되어 한 사람은 코치가 되고 한 사람은 고객이 된다.

2) 앞에서 진행했던 목표 설정, 자원 탐색, 실행 계획에 이어서 앞의 예시를 참조하여 후원 환경을 설계하는 대화를 진행한다. 코치는 표4의 코칭 노트를 간략하게 작성한다.

3) 역할을 바꿔서 진행한다.

4) 피드백을 나눈다.

5) 후원 환경에서 나눌 수 있는 질문을 브레인스토밍으로 함께 찾아본다.

6) 훈련시간에 했던 코칭은 코칭일지에 포함될 수 없지만 이 교재를 참고하여 이후에 코칭을 진행했을 때는 코칭노트를 점검하고 누락이 되지 않도록 표5의 코칭 일지에 기록한다. 국제코칭연맹 레벨2 PCC 과정은 고객 위주로 시작일과 종료일을 기록하며 한국코치협회와 달리 고객의 연락처를 기재해야 한다. 이 양식은 표6과 같다.

7) KAC 응시기준은 유료나 무료에 관계없이 코칭시간 50시간 이상이며, KPC 응시기준은 200시간 중 40시간 이상은 유료세션이어야 한다. KSC 응시기준은 800시간 중 500시간 이상은 유료세션이어야 한다. 코칭 일지는 상위자격에 응시할 때도 지금부터 계속 시간을 누적해서 기록하면 된다.

8) 국제코칭연맹 레벨2 PCC과정은 코칭시간 500시간 중 450시간 이상은 유료세션이어야 한다. 각 과목마다의 수료증은 발급하지 않고 본원에서 멘토코칭 10시간, 관찰세션 6시간을 포함하여 140시간 전 과정을 마치면 졸업장을 발급하며, CKA 필기시험만 국제코칭연맹 홈페이지에서 응시하면 된다.

코칭 노트

고객성함		연락처	
날짜		시간	
코칭주제			
코칭 대화모델	주요 질문		답변
1. 라포 형성 (Synergy building)			
2. 목표 설정 (Clarifying objectives)			
3. 자원 탐색 (Organizing resources)			
4. 실행 계획 (Roadmap execution)			
5. 후원 환경 (Encouraging environment)			
깨달음			
피드백			
소감			
차기일정			

표4 코칭 노트

코칭 일지(한국코치협회)

날짜 (연/월/일)	시간 (시작~끝)	고객명	유료(분)	무료(분)	받은 코치더 코치(분)	코칭형태
코칭실습시간 합계						

표5 코칭 일지

Client-Coaching Log(ICF)

Name :

Client Name	Contact Information: Phone/e-mail	Start/End Date	Paid Hours	Pro-Bono Hours

시간(Hour)		
Total Hour		

표6 Client-Coaching Log

■ Wrap Up(활동 4 - 10분)

(1) 기억에 남는 것

(2) 재미있었던 것

(3) 의미 있었던 것

(4) 적용할 것

코칭 스킬 LID

- 적극 경청의 방법을 이해하고 지속적으로 훈련하며 코치로서 성장할 수 있다.

- 새로운 관점으로 전환하도록 지원하면서 고객의 의식 확장을 지원할 수 있다.

- 다양한 기법과 도구를 활용하여 고객과 소통할 수 있다.

M3. 코칭 스킬 LID

1. 경청(Listen)

1) 한국코치협회(역량 6 행동지표)

  (1) 고객이 말한 것과 말하지 않은 것을 맥락적으로 헤아려 듣고 표현한다.

    - 미처 표현하지 못한 것까지 코치가 이해하고 알아주면 코치에 대한 신뢰가 높아진다. 맥락은 고객의 이야기의 흐름 속에 있는 상황과 고객의 관점과 입장 등 그 환경을 포함한다.

  (2) 눈 맞추기, 고개 끄덕이기, 동작 따라 하기, 어조 높낮이와 속도 맞추기, 추임새 등을 하면서 경청한다.

    - 고객의 말에 대한 적절한 반응이므로 불쾌감을 주지 않도록 적절한 타이밍과 자연스러움이 중요하다.

  (3) 고객의 말을 재진술, 요약하거나 직면하도록 돕는다.

    - 재진술과 요약은 코치가 고객의 말을 제대로 이해했는지 확인하기 위해, 고객 스스로 생각, 감정, 의도, 욕구 등을 정리할 수 있게 하기 위함이다. 재진술에는 반복, 바꾸어 말하기 등이며, 고객의 불일치를 발견할 때 직면을 사용한다.

  (4) 고객의 생각이나 감정을 이해하며, 이해한 것을 고객에게 표현한다.

    - 공감이란 고객의 관점을 통해 세상을 보고 표현하는 것까지 포함한다. 공감은 동정이나 동일시와 다르므로 감정적으로 얽히지 않아야 한다.

  (5) 고객의 의도나 욕구를 이해하며, 이해한 것을 고객에게 표현한다.

    - 선입견이나 편견 없이 고객의 입장과 관점으로 세상을 바라볼 때 읽을 수 있는 고객의 의도와 욕구를 전달하며 필요하면 그 이유를 설명한다.

  (6) 고객이 자신의 생각, 감정, 의도, 욕구를 표현하도록 돕는다.

    - 코치가 진심으로 끝까지 판단하지 않고 듣는다면 고객이 자신의 생각, 감정, 의도, 욕구가 자연스럽게 표현되도록 돕는 일이 된다.

2) 국제코칭연맹(PCC Markers 6)
  (1) 코치의 질문과 관찰은 코치가 고객이 누구인지 또는 고객의 상황에 대해 배운 것을 사용하여 맞춤화된다.
  (2) 코치는 고객이 사용하는 단어에 대해 문의하거나 탐구한다.
  (3) 코치는 고객의 감정에 대해 문의하거나 탐구한다.
  (4) 코치는 고객의 에너지 변화, 비언어적 단서 또는 기타 행동을 탐구한다.
  (5) 코치는 고객이 현재 자신이나 자신의 세계를 어떻게 인식하는지 묻거나 탐구한다.
  (6) 코치는 고객이 명시적인 코칭 목적이 없는 한 중단하지 않고 말하기를 완료할 수 있도록 한다.
  (7) 코치는 고객의 명확성과 이해를 보장하기 위해 고객이 전달한 내용을 간결하게 반영하거나 요약한다.

3) 의도(Intention), 욕구(Needs), 감정(Feel), 생각(Perspective)
  (1) 의도는 욕구를 느낀 후 그 욕구와 관련된 구체적인 그림이 그려진 것을 뜻한다. '목이 마르다'는 것은 욕구이고, '물'이라는 그림이 떠오른 것은 의도에 해당한다.
  (2) 감정은 주관적인 느낌이나 기분을 의미하는 것으로 고객이 감정을 나타낼 때 공감해주고 긍정적인 것과 연결하여 대화를 이어간다.
  (3) 대화에 있어서 대부분은 생각과 관련된 것이다. 생각은 의견이나 판단, 배려, 성찰, 기대, 추억 등을 다양하게 포함한다.

4) 효과적인 경청

(1) UCLA 메라비언 교수는 언어에 의한 의미 전달은 7%에 불과하다고 했다. 음색이나 목소리의 높낮이에 의한 의미 전달이 38%, 표정이나 몸짓에 의한 의미 전달은 55%라고 한다. 코칭은 전화나 화상전화 등 비대면으로 이루어지는 경우가 더 많으므로 비언어적인 요소들을 맥락적으로 헤아려 듣는 것이 중요하다. 맥락이란 경청에 더하여 고객의 상황과 환경을 고려하는 것이다.

(2) 눈을 전혀 맞추지 않으면 관심이 없는 사람처럼 보이며, 눈을 계속 쳐다보면 고객에게 부담감을 주는 결과가 되므로 고객이 코치를 바라보는 수준에서 고객과 함께 춤춘다.

(3) 고개를 끄덕이는 것은 이야기를 잘 듣고 있으니 계속 이야기해도 된다는 의미를 담고 있다. 자연스러운 상황이면 때로는 침묵으로 기다려주는 것도 좋다.

(4) 동작 따라 하기는 '미러링'이라고 한다. 거울처럼 고객의 몸짓이나 표정을 그대로 따라 하는 것으로 고객에게 마음의 동질감을 느끼게 한다.

(5) 기분 좋은 이야기를 들을 때는 높은 목소리 톤으로 반응하고, 고민이나 심각한 이야기를 할 때는 낮은 톤으로 천천히 대응하는 것이 좋다.

(6) "와우~", "그러시군요", "놀라운데요" 등 추임새와 맞장구도 시의적절하게 사용하면 고객이 더 표현하고 싶어지고 에너지가 높아진다. 고객의 이야기를 차분하게 듣는다는 의미로는 "음~" 하면서 고개를 끄덕인다.

(7) 고객이 이야기한 말이 장황할 때는 요약해서 확인하는 것도 필요하다. 하지만 자주 요약이나 재진술을 사용하면 코치의 점유율이 높아진다.

(8) 고객의 말과 행동이 다르거나, 생각과 감정이 불일치할 때 정중하게 고객으로 하여금 직면하도록 지원한다.

5) 코칭세션 내에서의 경청 예시

(1) 지금 말씀하신 것은 어떤 의미인가요? 네, 그런 의미가 있었네요.

(2) 그 말씀하시면서 제스처가 커지셨는데 어떤 마음인가요?

(3) 그 말씀을 하시고 나니 마음의 움직임이 어떻게 느껴지나요?

(4) 고객님께서 이 말씀하시는 중에 결연함이 느껴졌는데 어떠신가요?

(5) 그렇게 성취하고자 하시는 고객님은 어떤 분이신가요?

(6) 지금 말씀하신 것은 어떤 관점에서 그렇게 생각하셨나요?

(7) 무엇인가 더 있다는 생각이 드는데 어떠신가요?

(8) 지금 말씀하신 것에 대해서 좀 더 논의하고 싶은 것이 있는지요?

(9) 제가 느낀 점을 말씀드려도 괜찮을까요? 고객님께서 '나는 매사에 소극적'이라고 하셨는데, 해오신 일들을 들어보니까 상당한 추진력과 열정이 느껴졌어요. 어떠신가요?

(10) 방금 '두렵다'고 말씀하셨는데 그 순간 많이 힘드셨겠어요! 그 마음이 어떻게 되기를 바라시나요?

의도(I)	욕구(N)
생각(P)	감정(F)

표7 적극 경청 사분면

실습 8(40분)

1) 5명이 한 조가 된다.

2) 그중 한 사람이 화자가 된다.

3) 나머지 4명은 의도, 욕구, 감정, 생각을 한 가지씩 선택한다.

4) 화자는 살아온 이야기를 5분간 나눈다.

5) 모조전지에 표7과 같이 사분면을 그리고 화자의 이야기를 들으면서 자신이 담당한 카테고리에 해당하는 내용을 접착메모지에 기록하여 부착한다.

6) 순서에 따라 자신이 기록한 것을 공유한다.

7) 그 이외에 놓친 것들을 더 찾아보고 피드백을 나눈다.

8) 적극 경청을 지속적으로 훈련하기 위해 고객의 허락을 받아 자신의 코칭세션을 녹취하여 반복해서 듣고 녹취록에 기록을 남긴다. 녹취한 내용은 http://clovanote.naver.com 등에서 녹음파일을 업로드하면 녹취록으로 변환하여 다운로드 받을 수 있다.

9) 본 교재 심화 과정 부분인 M6에서 더 훈련할 것이다.

2. 질문(Inquire)

1) 한국코치협회(역량 7 행동지표)

  (1) 긍정적, 중립적 언어로 개방적 질문을 한다.
   - 코칭의 본질은 자각과 책임을 불러일으키는 것으로 가장 좋은 수단은 질문이다.
    긍정적이고 중립적인 언어를 사용한 개방적 질문은 일반적으로 의문사로 시작하
    는 열린 질문이다.

  (2) 고객의 상황과 특성에 따라 침묵, 은유, 비유 등 다양한 기법과 도구를 활용한다.
   - 코칭 전 다양한 진단을 통해 파악한 특성에 따라 신념, 가치관, 정체성 등을 확인
    하고 그에 맞춰 다양한 기법과 도구를 사용하면 고객은 객관적으로 자신을 관찰
    하고 성찰하는 데 도움을 줄 수 있다.

  (3) 고객의 말에서 의미를 확장하도록 돕는다.
   - 고객의 말이 표면적인 이슈에 머물러 있거나 과제에 대한 수단, 방법 차원에서
    벗어나지 못하고 있다면 그 이면을 탐색할 질문을 통해 의미를 확장할 수 있도
    록 지원할 수 있다.

  (4) 고객의 말을 구체화하거나 명료화하도록 돕는다.
   - 고객의 말에서 의미를 확장하는 Chunk Up이나 의미를 수렴하는 Chunk Down
    이 함께 필요하다. 질문은 깔때기처럼 좁혀가는 것이 원칙이다.

  (5) 고객이 알아차림이나 통찰을 하도록 돕는다.
   - 코칭에서의 알아차림은 자신과 자신을 둘러싼 주변 환경에 대한 것이다. 통찰
    은 '아하' 하고 새로운 깨달음을 얻는 것이다. 고객은 이것을 통하여 변화와 성
    장을 위한 발걸음을 뗄 수 있다.

  (6) 고객이 관점을 전환하거나 재구성하도록 돕는다.
   - 세상을 바라보는 사고의 틀인 패러다임을 바꿀 수 있도록 지원한다.

  (7) 고객의 상황, 경험, 사고, 가치, 욕구, 신념, 정체성 등의 탐색을 통해 가능성 확대
    를 돕는다.
   - 고객에 대한 호기심을 유지하면서 고객의 삶의 목적과 한 방향으로 정렬이 잘
    되는지 관찰하고 탐색한다. 이미지 상상도 효과적이다.

2) 국제코칭연맹(PCC Markers 7)

  (1) 코치는 고객의 현재 생각, 느낌, 가치, 필요, 욕구, 신념 또는 행동 등 고객에 대해 질문한다.

  (2) 코치는 고객이 현재 생각이나 느낌을 넘어 자신(누구)에 대해 새롭거나 확장된 생각이나 느낌으로 탐구하도록 돕기 위해 질문을 한다.

  (3) 코치는 고객이 현재 생각이나 느낌을 넘어 자신의 상황(무엇)에 대해 새롭거나 확장된 생각이나 느낌으로 탐구하도록 돕기 위해 질문을 한다.

  (4) 코치는 고객이 현재의 생각이나 느낌 또는 행동을 넘어 고객이 원하는 결과를 향해 탐구하도록 질문을 한다.

  (5) 코치는 관찰, 직관, 의견, 생각 또는 감정을 가감 없이 공유하고 언어적 또는 어조적 초대를 통해 고객의 탐구에 초대한다.

  (6) 코치는 고객이 생각하고 느끼고 성찰할 수 있는 속도로 명확하고 직접적이며 주로 개방형인 질문을 한 번에 하나씩 한다.

  (7) 코치는 일반적으로 명확하고 간결한 언어를 사용한다.

  (8) 코치는 고객이 대부분의 대화를 할 수 있도록 허용한다.

3) 질문의 방향

  (1) 편향형 질문보다 중립형 질문(Ask)

  (2) 추궁형 질문보다 탐구형 질문(Seek)

  (3) 폐쇄형 질문보다 개방형 질문(Knock)

  (4) 판단형 질문보다 학습형 질문(μετάνοια)[5]

---

[5] 성서에는 '회개하라'로 번역된 그리스어 '메타노이아'로 '학습하다'는 의미를 가지고 있다. 성인학습이론에서 '성인은 당장 필요한 것 외에는 배우려고 하지 않는다'는 내용과 일맥상통한다.

4) 질문의 역할

   (1) 추상적인 관점에서 구체적인 관점으로 명확화한다. 고객의 상황과 환경을 배경으로 한 구체적인인 묘사가 이루어져야 짧은 세션 내에서 성취할 수 있는 내용으로 명확화할 수 있다.

   (2) 의미나 가치를 질문하는 것은 에너지와 열정을 불러일으켜 고객의 지평선을 넓히는 일이다.

   (3) 알아차림과 통찰은 코칭 대화를 통해 고객이 스스로 배움이 일어난 것과 새롭게 알게 된 것, 메타 인지 등을 통해 목표를 바라보는 관점이 전환되고 이를 바탕으로 실행의 차원이 달라진다.

   (4) 코칭은 고객의 목표를 조금 올릴 수 있도록 돕는 것이 아니라 최고의 가치를 실현하도록 지원하는 것이므로 관점 전환과 재구성을 통해 최고의 수준에서 가능성이 열리도록 지원한다.

   (5) 친밀한 질문은 정보를 공개하라는 압박이나 강요가 아니다. 고객 자신이 무엇을 얼마나 이야기하고 싶은지를 스스로 결정하도록 지원한다.

5) 코칭세션 내에서의 질문 예시

   (1) 이것을 통해 고객님께서 정말로 원하시는 것은 무엇인가요?

   (2) 고객님에게 가장 중요한 가치는 무엇인가요?

   (3) 고객님은 어떤 사람이 되고 싶으신가요?

   (4) 다른 관점에서 생각해봤으면 하는데 괜찮으실까요? 이런 상황을 이해관계자의 입장에서 생각해봤으면 해요. 이 상황에 대해 고객님은 이해관계자 그분에게 어떤 이야기를 해주고 싶으신가요?

   (5) 이 목표와 관련한 것을 잘 성취해내신 존경하는 분을 떠올려 보시겠어요? 그분이라면 고객님에게 어떤 이야기를 해주실까요?

   (6) 이것을 성취하기 위해서는 고객님 내면에 어떤 변화를 일으켜야 할까요?

   (7) 오늘 코칭대화를 통해 새롭게 알아차린 것이 있다면 나눠주시겠어요?

실습 9(40분)

1) 6명이 한 조가 된다.

2) 그중 한 사람이 코치가 되고 한 사람은 고객이 된다.

3) 한 사람은 기록자 역할을 담당한다.

4) 코치는 위의 예시를 참조하여 코칭한다.

5) 코치, 고객, 기록자 외의 3명은 코치를 보조하여 의식 확장 질문을 던지는 보조 코치 역할을 담당한다.

6) 기록자가 적은 코치와 보조 코치가 던진 의식 확장 질문을 공유한다.

7) 활용 가능한 의식 확장 질문을 브레인스토밍한다.

8) 의식 확장을 위한 질문 정리

    ⑴ 질문들이 떠오르는 대로 스마트폰 노트앱에 기록해 나간다.

    ⑵ 다양한 질문들을 소개하는 책들을 활용한다.

    ⑶ 본 교재 심화 과정 부분인 M7에서 더 훈련할 것이다.

    ⑷ 본원의 인증과정인 [프로세스코칭]이나 [퍼실리테이티브 리더십 코칭]에서는 컨설턴트나 학자들이 현장에서 고민하여 만든 다양한 질문 프레임을 소개한다.

3. 피드포워드(Deliver)

1) 고객의 언어 활용
- (1) 고객이 말한 단어를 코치가 마음대로 해석하여 다른 단어로 대체하거나 동의 없이 요약해서 표현하면 거리감이 느껴지고 의미가 전혀 다른 내용이 될 가능성이 높다.
- (2) 고객이 사용하는 단어를 그대로 사용하면 코치와 고객 사이의 유대감과 친밀감도 높아진다.
- (3) 고객과 코치는 서로 다른 환경, 지식, 경험, 문화체계를 가지고 있기 때문에 같은 단어라도 그 의미가 전혀 다를 수 있으므로 고객의 언어에 포함되어 있는 환경과 맥락을 이해하고 그 언어로 대화하는 것이 효과적이다.
- (4) 과거 지향의 피드백보다는 마샬 골드스미스가 추천하는 미래 지향의 피드포워드를 추천한다. 성서의 예언의 은사처럼 미래를 향한 축복이 에너지를 높인다.

2) 칭찬, 인정과 지지, 축하
- (1) "칭찬을 고래도 춤추게 한다"라는 말처럼 고객의 아이디어나 성취에 대하여 칭찬하는 것은 고객의 에너지를 높여 코칭의 효과를 높일 수 있다.
- (2) 칭찬은 행동이나 결과에 대한 반응이라면 인정이나 지지는 고객의 성품이나 과정에 대해서도 가능한 것이다. 가능하면 칭찬보다는 인정과 지지를 하는 것이 더 바람직하다.
- (3) 고객이 축하받을 만하게 성취했다면 기꺼이 축하해 주어야 한다.
- (4) 주의해야 할 것은 "좋습니다", "대단하십니다"라고 하면 다소 평가하는 듯한 느낌이 들 수 있고, "감사합니다"라고 하면 고객이 스스로 목표나 계획을 세우고 성취한 것인데 자칫 코치가 코칭을 잘했다는 의미로 들릴 수도 있다.

3) 기법과 도구 사용

    (1) 대표적인 기법은 은유와 비유를 활용하는 것이다. 은유는 서술하는 대신 사물의 현상에 빗대어 이야기를 풀어나가는 것이다. 은유는 목표나 실행 계획과 강제로 연상시키는 효과가 있으며, 은유는 머릿속에 그림이 그려지기 때문에 상상력을 펼쳐 창의적인 역동이 발현될 수 있다.

    (2) 고객이 다람쥐 쳇바퀴 돌듯이 해왔던 경험으로 생각이 벗어나지 못할 때나 고객이 확신을 갖지 못할 때 다른 관점에서 재구성하여 지원할 수 있다. 고객이 말한 것을 듣고 코치가 다른 관점으로 되돌려 줌으로 고객이 정말 원하는 것을 인식하도록 지원한다.

4) 코칭세션 내에서의 피드포워드 예시

    (1) 지금 말씀하신 이 단어는 고객님의 경험과 문화에 비추어 특별한 의미가 담겨있을 것이라 여겨지는데요?

    (2) 그렇게 생각하는 방법도 있군요. 제 생각까지 전환되네요.

    (3) 말씀하시는 가운데서 고객님의 단호함이 느껴졌습니다. 그 힘은 어디서 비롯된 것인가요?

    (4) 따뜻한 느낌이 전해져옵니다. 제 마음이 뭉클해집니다.

    (5) 오늘의 목표는 고객님의 이런 가치와 연결되는 것으로 느껴집니다. 어떠신가요?

    (6) 제 느낌을 잠깐 나눠도 될까요? 고객님의 이야기를 들으면서 나무가 울창한 높은 산을 오르고 있는 등산객이 떠올랐어요. 어떠신가요?

    (7) 말씀하시는 중에 갑자기 떠오른 생각을 나눠도 될까요? Blue(파랑색)와 Red(빨강색)가 함께 녹아든 Purple(보라색)이 떠올랐어요. 어떠신가요?

    (8) 새롭게 알아차리신 고객님을 축하드립니다. 고객님의 비전이 그림을 보는 것처럼 선명합니다.

실습 10(30분)

1) A, B, C, D, E, F, 6명이 한 조가 된다.

2) A가 가까운 미래의 계획을 간략하게 이야기한다.

3) A 이외의 5명은 순차적으로 돌아가며, A를 인정, 지지, 축하의 말을 한다.

4) B, C, D, E, F 순서대로 가까운 미래의 계획을 간략하게 이야기하면 나머지 5명은 인정, 지지, 축하의 말을 한다.

5) 인정, 축하, 지지의 말을 할 때 가능한 한 고객의 언어를 활용하되 다음의 가치단어를 참조한다.

   - 감사, 결의, 겸손, 공감, 공정, 관용, 균형, 근면, 긍정성, 끈기

   - 기쁨, 능동성, 도움, 명예, 목표의식, 믿음직함, 배려, 배움, 봉사, 분별력

   - 사랑, 사려, 사명, 상냥함, 성실, 성찰, 소신, 신념, 신뢰, 신용

   - 아름다움, 예의, 유연성, 용서, 우의, 인정, 자제력, 정직, 정의, 지도력

   - 지혜, 진실함, 진취성, 집중, 창조성, 책임감, 친절, 평화, 협동, 희망

6) 때로는 자연 이미지, 동물, 식물, 사물, 색깔 등의 은유와 비유를 활용하여 인정의 말을 나눈다.

7) 코칭세션에서 코치로서 은유를 활용한 경험이나 고객으로부터 들었던 은유, 삶 속에서 나누었던 은유의 경험을 브레인스토밍한다.

8) 가까운 가족과 자주 만나는 지인들에게 하루에 한 번 이상 칭찬, 인정, 축하의 말을 하고, 그 반응을 스마트폰 앱노트에 기록하며 지속적으로 훈련한다.

■ Wrap Up(활동 5 - 10분)

(1) 기억에 남는 것

(2) 재미있었던 것

(3) 의미 있었던 것

(4) 적용할 것

5) 나만의 코칭 질문

   (1) 라포 형성(Synergy building)

   (2) 목표 설정(Clarifying objectives)

(3) 자원 탐색(Organizing resources)

(4) 실행 계획(Roadmap execution)

(5) 후원 환경(Encouraging environment)

....

....

....

....

....

실습 11(60분)

1) 각자 위의 빈칸에 나만의 코칭 질문을 20분간 작성한다.

2) 두 사람씩 짝을 지어 한 사람은 코치가 되고 한 사람은 고객이 된다.

3) 위에 작성한 코칭 대화모델 프로세스인 라포 형성, 목표 설정, 자원 탐색, 실행 계획, 후원 환경 순에 따라 20분간 코칭 한 세션을 진행한다.

4) 역할을 바꾸어 코칭한다.

5) 피드백을 나눈다.

코치 되기

- 전문 직업인인 코치로서 고객을 만나 계약하는 단계에 필요한 환영 편지와 코칭 동의서를 준비할 수 있다.

- 코치다움으로 나아가기 위해 전문 계발과 자기 관리를 준비할 수 있다.

- 코치 인증 절차를 숙지하여 코치 자격에 도전하고 성장할 수 있다.

M4. 코치 되기

1. 코칭 계약(Contract)

1) 환영 편지
  (1) 코칭에 대한 선지식이 없는 고객을 만났을 때 코칭을 소개하고 코칭세션에서 다루는 내용이나 방법 등을 소개한 후, 코치가 고객을 코칭할 때 알고 있으면 도움이 될 만한 고객의 가치관, 고민하고 있는 주제 등을 묻는 사전 질문을 포함한다.
  (2) 코칭을 소개할 때는 '코칭은 지금보다 조금 나아지는 것이 아니라 최상의 가치에 목표를 둔다', '단점을 보완하는 데 초점을 맞추기보다 강점을 극대화하는 데 초점을 맞춘다', '코치는 약 20% 시간을 할애하여 질문을 하고, 나머지 시간은 주로 고객이 이야기하는 것을 경청한다', '계획과 실행은 고객 자신이 책임을 지는 것이다' 등의 내용을 포함한다.
  (3) 코칭에서 다루는 내용으로는 코칭 대화모델 중심으로 소개하면 이해가 빠를 것이다.
  (4) 코칭 주제에 대한 사전 질의로 '인생에서 가장 중요하게 여기는 가치나 이유', '약 10가지 정도의 코칭 주제와 우선순위', '현재 직면한 과제나 고민', '그 외에 코치가 알아야 할 것들' 등의 질문을 포함한다.
  (5) 이메일로 주고받을 수 있고, 다회기 중 처음 한 번은 직접 만나서 전달할 수도 있다.

2) 코칭 동의서

  (1) 비밀보장 등 코칭윤리 준수사항

  (2) 정신요법이나 상담을 행하지 않는다는 점 명시

  (3) 코칭세션 취소 및 연기 조건

  (4) 면대면이나 전화 등 코칭수단 선택

  (5) 코칭 기간 및 횟수

  (6) 코칭비용과 입금계좌

  (7) 주제와 성과에 대한 고객의 책임 명시

  (8) 고객 동의 확인

  (9) 고객의 요구사항 기록란

실습 12(60분)

1) 여섯 사람이 한 조가 되고 그중 한 사람이 진행을 맡는다.

2) 환영 편지를 위의 내용을 참조하여 브레인스토밍으로 작성해 본다.

3) 코칭 동의서를 위의 내용을 참조하여 브레인스토밍으로 작성해 본다.

4) 각자가 자신의 스타일에 맞게 수정하여 나만의 환영 편지와 코칭 동의서를 완성한다.

5) 실습 시간에 작성한 것을 만족하지 않고 성찰하면서 더 좋은 문구가 떠오르면 수정을 거
   듭하여 나만의 문서를 더욱 아름답게 다듬어간다.

2. 자기 관리(Self-management)

1) 한국코치협회(역량 3 행동지표)
  (1) 코치는 코칭을 시작하기 전에 신체적, 정신적, 정서적 안정을 유지한다.
    - 고객의 롤모델이 되어야 하는 코치로서 자신의 신체적, 정신적, 정서적으로 최
      적의 상태를 점검하고 관리하여 코칭 대화에서 안정적인 상태를 유지하도록
      한다.
  (2) 코치는 다양한 코칭 상황에서 침착하게 대처한다.
    - 고객의 저항과 거절에도 유연하게 대응하기 위하여 정기적으로 멘토코칭을 받
      으며 성찰, 학습 및 성장 계획을 세우고 실천한다.
  (3) 코치는 솔직하고 개방적인 태도를 유지한다.
    - 코치는 의례적인 표현이 되지 않도록 자신에게 솔직하고 비판 없이 자기를 평
      가하며 열린 마음을 갖는다.
  (4) 코치는 긍정적인 태도를 유지한다.
    - 불확실한 상황에도 희망적인 미래에 집중하여 창조성을 촉진하도록 도전하며,
      부정적인 요소 안에 숨겨진 긍정적 의도에 초점을 맞춘다.
  (5) 코치는 고객의 기준과 패턴에 관한 판단을 유보하고 중립적인 태도를 유지한다.
    - 코치는 자신과 내면 대화 및 개인적인 판단에서 벗어나 자신의 인식을 전환하
      여 온전히 고객과 함께하며 코칭 대화에 집중한다.
  (6) 코치는 말과 행동을 일치시킨다.
    - 자신의 의도와 말을 정렬하여 모호함을 피하고, 언어와 비언어적 표현을 자연
      스럽게 통합하며, 자신의 말과 행동의 불일치를 경계하고 성찰하여 개선하면
      서 평생학습자로서 끊임없는 학습과 성장을 실천한다.

2) 국제코칭연맹

    (1) 정신적, 정서적으로 매 세션을 준비한다. (역량 2-7)

    (2) 감정 조절 능력을 개발하고 유지한다. (역량 2-6)

    (3) 코치는 자기 자신과 다른 사람들이 상황과 문화에 의해 영향 받을 수 있음을 인지하고 개방적 태도를 취한다. (역량 2-4)

    (4) 코치는 코칭 과정에서 고객의 고유한 재능, 통찰력 및 노력을 인정하고 존중한다. (PCC Markers 4-1)

3) 코칭 준비

    (1) 하루에 연속해서 코칭세션을 약속할 때 연속해서 잡지 않고 한 시간 간격을 두어 충분한 준비 시간을 갖는다.

    (2) 묵상이나 명상을 통해 코치 자신의 신체나 정서를 안정시키고, 고객에 대하여 긍정적인 가능성을 상상하는 시간을 갖는다.

    (3) 2회 차 이상의 세션이면 지난 세션에서 나누었던 기록들을 살펴본다.

4) 성찰 훈련

    (1) 코칭세션에서 에고가 올라와 고객의 이야기를 판단하고 싶고, 충고하고 싶은 때 이런 자신의 상태를 알아차리면 내려놓을 수 있는 첫 걸음이 된다.

    (2) 어떤 분야의 생각만큼은 고집스럽게 절대 허락하지 못하는 것은 없는지, 그래서 고객이 이룬 성취를 과소평가하지는 않았는지 성찰한다.

5) 알아차림의 종류[6]

(1) 현상 알아차림

- 신체감각에 대한 알아차림 : 신체감각에 집중하면 피상적이고 지적인 지각에 머물지 않고 삶의 중요한 순간들을 깊이 있게 체험하고 만족감을 얻을 수 있다. 예컨대 칭찬을 듣는 순간 기쁨을 차단하지 않고 심호흡과 함께 신체에 집중하여 자각하면 그 순간의 체험을 심화시킨다.

- 욕구에 대한 알아차림 : 자신이 원하는 것이 무엇인지 명확히 알지 못하면 행동의 목표와 방향성이 상실되고 행동이 혼란에 빠질 수 있다. 코칭세션에서 정말 원하는 것이 무엇인지 묻는 질문은 매우 중요하다.

- 감정에 대한 알아차림 : 자신의 욕구와 관련하여 주관적으로 체험하는 느낌이다. 감정을 알아차리면 삶의 질이 높아지고, 욕구를 더욱 선명하게 알아차리게 되며, 미해결과제를 해소할 수 있다.

- 이미지에 대한 알아차림 : 인간의 내면에서는 과거 경험들이 이미지로 떠오르는데 무의식적으로 스쳐 지나가거나 묻힌다. 활동의 배후에 있는 부정적 이미지를 알아차리면 그 영향력으로부터 상당 부분 벗어날 수 있고, 긍정적 이미지를 알아차리면 실행력을 강화할 수 있다.

- 내적인 힘에 대한 알아차림 : 자신이 갖고 있는 힘과 행위능력을 알아차리는 것이다. 그 힘을 알아차리면 환경과 과감하게 접촉하고 실천에 옮길 수 있다.

- 환경에 대한 알아차림 : 미해결과제로 내적인 문제에 사로잡혀 있으면 환경을 잘 알아차리지 못하면 환경과의 접촉이 원활하지 못하다. 내부에 많은 에너지를 빼앗겨 외부의 소리를 잘 듣지 못한다.

- 상황에 대한 알아차림 : 자신의 욕구를 파악하고 환경의 요구를 지각하여야 양자의 적절한 타협에 의해 환경에 창조적으로 적응해 나간다. 그렇게 어렵지 않은데 어렵게 지각하면 부정적 결과를 초래한다.

- 관계에 대한 알아차림 : 서로 간의 관계는 주관적 지각에 따라 서로 다르게 느낀다. 관계에 대한 알아차림이 높을수록 관계를 향상시킨다.

---

[6] 김정규, 『게슈탈트 심리치료 : 창조적 삶과 성장』, 학지사, 2015(2판). 알아차림이란 자의식과는 달리 자기를 대상화하는 것이 아니라 자신의 생각이나 행동 또는 신체감각이나, 욕구, 감정 혹은 환경이나 상황 등 모든 내적, 외적인 현상들을 단순히 발견하고 체험하는 것이다.

(2) 행위 알아차림
  - 접촉경계혼란 행동에 대한 알아차림 : 접촉경계혼란이란 자신과 환경이 서로 직접 만나지 못하도록 둘 사이에 마치 중간층 같은 것이 끼어 있는 현상을 말한다. 내사, 투사, 융합, 반전, 자의식, 편향 등이 있다.
    ① 내사는 '~해서는 안 된다'는 사회행동과 관련한 자율적인 행동을 억누르는 초자의 명령이다.
    ② 투사는 자신의 욕구나 감정을 자신의 것으로 자각하고 접촉하는 것이 두려워 책임소재를 타인에게 돌리는 것으로 나타난다.
    ③ 융합은 두 사람이 서로 간에 차이점이 없다고 느끼도록 은연중에 합의하여 '우리'라는 보호막 속에 들어가 안주하는 것이다.
    ④ 반전은 타인에게 하고 싶은 행동을 자기 자신에게 하는 것이다.
    ⑤ 자의식은 자기 자신에 대해 지나치게 의식하고 관찰하는 현상으로 자신의 행동에 대한 타인의 반응을 지나치게 의식하기에 생긴다. 그래서 자연스러움이 없어지고 인위적인 것이 된다.
    ⑥ 편향은 환경과의 접촉이 자신이 감당하기 힘든 심리적 결과를 초래할 것이라 예상할 때 이런 경험에 압도당하지 않기 위해 환경과의 접촉을 피해버리거나 자신의 감각을 둔화시켜버림으로 환경과의 접촉을 약화시키는 것이다. 위험과 좌절을 사전에 예방할 수는 있지만 습관적이 되면 타인이나 환경으로부터 고립되거나 삶의 활력과 생동감이 감소되어 무기력해지게 된다.
  - 사고패턴에 대한 알아차림 : 자신의 과거 경험을 토대로 미리 일정한 사고의 틀, 즉 사고패턴을 만들어서 그것에 의해 현실을 판단한다. 이것이 너무 경직되고 고정된 패턴일 때는 문제가 된다.
  - 행동패턴에 대한 알아차림 : 흔히 성격이라고 말하는 것이 바로 경직된 행동패턴에 해당하여 세계를 지금-여기에서 새롭게 전개되는 현상으로 지각하지 않고 고정적이고 관념적으로 지각하게 만든다.

(3) 알아차림 자체에 대한 알아차림 : 알아차림 자체란 하나의 행위인 동시에 능력이다. 사물을 보는 행위에는 사물을 보려는 의지작용과 함께 시력이라는 능력이 포함되는 것처럼 알아차린 대상, 또는 알아차릴 수 있는 대상들과는 구분된다. 알아차림이란 지금-여기에 일어나는 모든 것들을 제한하지 않고 있는 그대로 받아들이는 것이다. 어떤 것도 통제하지 않고 현상적으로 나타나는 모든 것에 대해 열린 태도로 지각하는 것이다. 아무런 대상이 없는 상태에서도 인위적으로 무엇을 찾아 나서지 않고 단지 그 상태에 머물면서 아무것도 존재하지 않는 것, 아무것도 체험할 수 없는 것마저 받아들이는 것이다. 코칭세션에서는 자원 탐색이나 의식 확장을 통해 알아차린 것들을 기반으로 실행계획에 들어간다. 이뿐 아니라 코칭세션을 통해 알아차린 것들을 종합해보니 자신의 존재에 대해 알아차린 것들도 정리가 된다. 그런 자신의 존재를 알아차리는 것이 이에 해당된다고 할 수 있다.

실습 13(40분)

1) 각자가 개인적으로 실습에 참여한다.

2) 코칭이 시작되기 전에 묵상이나 명상의 시간을 갖는다.

3) 눈을 감고 팔을 늘어뜨리고 호흡에 집중한다. 깊게 숨을 들이쉬고 내쉰다. 호흡에 집중하여 깊게 들이쉬고 내쉰다. 호흡이 머리에서부터 어깨를 지나고 팔과 몸을 지나 다리와 발에 이르는 흐름을 따라가며 몸의 전체 공간을 느껴본다.

4) 가상의 고객을 떠올려본다. 생각나는 선입견 중에 부정적인 이슈가 떠오르면 그 반대되는 선한 의도를 생각한다. 예컨대 '설친다'라는 부정적인 느낌이 든다면 그 반대적인 장점인 '적극적이다'라는 긍정적인 생각으로 전환해본다.

5) 어떤 느낌이 들었는지 옆 사람과 나눠본다.

6) 이 실습은 실습 시간에만 국한하지 않고 자주 혼자만의 시간을 가지며 자주 만나는 가족을 대상으로 시작하여 부정적인 관점을 긍정적인 관점으로 스위칭하는 것을 훈련한다. 점점 더 넓은 범위의 대상으로 확대하여 적용하며 훈련한다.

7) 게슈탈트의 전경과 배경, 미해결과제, 알아차림과 접촉에 대한 학습을 추천한다.

6) 한국코치협회 역량 핵심요소

(1) 코치다움	(2) 코칭다움
① 윤리 실천 　- 기본 윤리 　- 코칭에 대한 윤리 　- 직무에 대한 윤리 　- 고객에 대한 윤리	⑤ 관계 구축 　- 수평적 파트너십 　- 신뢰감과 안전감 　- 존재 인정 　- 진솔함 　- 호기심
② 자기 인식 　- 상황 민감성 유지 　- 직관과 성찰 　- 자기 평가 　- 존재감 인식	⑥ 적극 경청 　- 맥락적 이해 　- 반영 　- 공감 　- 고객의 표현 지원
③ 자기 관리 　- 신체적, 정신적, 정서적 안정 　- 개방적, 긍정적, 중립적 태도 　- 언행 일치	⑦ 의식 확장 　- 질문 　- 기법과 도구 활용 　- 의미 확장과 구체화 　- 통찰 　- 관점 전환과 재구성 　- 가능성 확대
④ 전문 계발 　- 코칭 합의 　- 과정 관리 　- 성과 관리 　- 전문 역량 계발	⑧ 성장 지원 　- 정체성과의 통합 지원 　- 자율성과 책임 고취 　- 행동 전환 지원 　- 피드백 　- 변화와 성장 축하

7) 국제코칭연맹 핵심 역량

    (1) 기초 세우기

        ① 윤리적 실천을 보여준다.

        ② 코칭 마인드셋을 구현한다.

    (2) 관계의 공동구축

        ③ 합의를 도출하고 유지한다.

        ④ 신뢰와 안전감을 조성한다.

        ⑤ 프레즌스를 유지한다.

    (3) 효과적인 의사소통

        ⑥ 적극적으로 경청한다.

        ⑦ 알아차림을 불러일으킨다.

    (4) 학습과 성장 촉진

        ⑧ 고객의 성장을 촉진한다.

활동 6(30분)

1) 한국코치협회도 2010년대 말까지는 국제코칭연맹의 11가지 역량을 기준으로 했으나 2020년대 시작하면서 한국코치협회나 국제코칭연맹이 각각 8가지 역량을 업데이트하였다.

2) 한국코치협회 핵심 역량과 국제코칭연맹 핵심 역량이 서로 어떻게 연결되는지 조별로 논의해본다.

3) 기초과정에서는 한국코치협회와 국제코칭연맹의 핵심역량을 간략하게 훈련하였고, 이후 심화과정에서는 코칭다움의 역량을 심도 있게 다룰 것이다.

코치 인증 절차

ACPK 지원(한국코치협회)

코치인증자격	KAC	KPC	KSC
지원자격		KAC취득 후 6개월 이상	KPC취득 후 1년 이상
지원서	별도양식		
서약서	코치윤리강령준수 서약서		
교육시간	기초 20시간	60시간 (기초20+심화20 필수)	150시간 (기초20+심화20 필수)
코칭시간	50시간	200시간 (유료 40시간 필수)	800시간 (유료 500시간 필수)
멘토코칭 받기		60일 이상 5시간 (KAC 취득 후)	90일 이상, 1년 미만 10시간(KPC 취득 후)
1:1 코치더코치		5시간(KAC 취득 후)	10시간 필수 (KPC 취득 후)
고객추천서	2인 각 1통(총 2통)		
코치추천서	2인 유효 KAC 이상으로 부터 각 1통(총 2통)	2인 유효 KPC 이상으로 부터 각 1통(총 2통)	2인 유효 KSC 이상으로 부터 각 1통(총 2통)
필기시험	온라인으로 실시		에세이 제출
실기시험	15~20분 시연	25~30분 시연	35~40분 시연
인증심사비	20만원	30만원	40만원
코치자격 유지기간	3년 주기 연장	5년 주기 연장	

자격유지
보수교육
	- 인증 후 3년간
	  30시간 교육 참가
		- 인증 후 5년간
		  50시간 교육 참가
			- 인증 후 매년
			  10시간 교육 참가

	- 협회 역량교육 - 협회 및 지부 월례세미나(2시간/회당), 코치대회, 코치활동 및 저술활동 등 - ACPK 인증 프로그램		
의무사항	- 인증자격 유지를 위해서는 협회 정회원 이상의 자격을 유지해야 함		

표8 코치 인증 절차

- 표8과 같이 KPC 응시를 위한 교육시간 60시간 중 기본 인증프로그램은 최대 20시간 이 인정되며, 심화 인증프로그램 20시간 이수는 필수다. 나머지 20시간 이상은 심화 또는 역량 인증프로그램 중 선택할 수 있다. KSC 응시를 위해 필요한 인증교육 150시간 이상의 프로그램(20시간 5과목, 40시간 2과목 = 180시간)이 본원에 아래와 같이 준비되어 있다.

- (사)한국코치협회 인증과정
  1) 기초프로그램
      (1) "인성코칭"(ACPK01139) 20시간
      (2) "임마누엘코칭"(ACPK01270) 20시간
  2) 심화프로그램
      (1) "러닝코칭"(ACPK01148) 20시간
      (2) "퍼실리테이티브 리더십 코칭"(ACPK01274) 40시간
  3) 역량프로그램
      (1) "프로세스코칭"(ACPK01115) 20시간
      (2) "공동체 세우기"(ACPK01253) 20시간
  4) 기초프로그램 + 심화프로그램
      - "KCA-ICF 코칭핵심역량"(ACPK01280) 40시간

- 국제코칭연맹 레벨2 인증과정(PCC과정) CSFTCP
  (1) Systems Humanity Coaching (20시간)
  (2) ICF Core Competencies (40시간) - 멘토코칭/관찰세션 포함
  (3) Systems Learning Coaching (20시간)
  (4) Systemic Facilitative Coaching (40시간)
  (5) Community Systems Coaching (20시간)

■ Wrap Up(활동 7 - 10분)

(1) 기억에 남는 것

(2) 재미있었던 것

(3) 의미 있었던 것

(4) 적용할 것

3. 텔레 코칭 클래스(Veteran)

관찰자 노트

단계	체크할 사항	잘한 점	개선점
1. 라포 형성 (Synergy building)	안전한 분위기 조성? 편안한 관계 형성?		
2. 목표 설정 (Clarifying objectives)	구체적인 목표설정? 목표의 수준 탐색? 목표의 명료화?		
3. 자원 탐색 (Organizing resources)	현재 상황 이해? 다른 생각회로 확장?		
4. 실행 계획 (Roadmap execution)	다양한 실행계획? SMART기준으로 체크?		
5. 후원 환경 (Encouraging environment)	후원환경 조성? 요점정리와 차기약속?		

표9 관찰자 노트

실습 14(90분)

1) 첫 번째 텔레 코칭 클래스로 출석을 확인한다.

2) 근황을 이야기하며 아이스브레이킹 시간을 갖는다.

3) 세 사람씩 짝을 지어(화상전화 환경에서는 소회의실을 활용) 각각 코치, 고객, 관찰자 역할을 나눈다.

4) 코치와 고객은 20분간 코칭대화를 하고, 관찰자는 표9의 양식을 참조하여 관찰자 노트에 기록한다.

5) 코칭세션이 끝나면 먼저 고객의 소감을 듣고, 코치의 셀프 피드백을 나눈 후, 관찰자의 피드백과 FT강사의 피드백 시간을 갖는다.

6) 역할을 바꾸어 고객이 코치가 되고, 관찰자가 고객이 된다. 코치는 관찰자가 된다.

7) 코치와 고객은 20분간 코칭대화를 하고, 관찰자는 앞에 있는 양식을 참조하여 관찰자 노트에 기록한다.

8) 코칭세션이 끝나면 먼저 고객의 소감을 듣고, 코치의 셀프 피드백을 나눈 후, 관찰자의 피드백과 FT강사의 피드백 시간을 갖는다.

9) 역할을 바꾸어 하지 않은 역할을 맡는다.

10) 코치와 고객은 20분간 코칭대화를 하고, 관찰자는 앞에 있는 양식을 참조하여 관찰자 노트에 기록한다.

11) 코칭세션이 끝나면 먼저 고객의 소감을 듣고, 코치의 셀프 피드백을 나눈 후, 관찰자의 피드백과 FT강사의 피드백 시간을 갖는다.

12) Wrap Up에 기억에 남는 것, 재미있었던 것, 의미 있었던 것, 적용할 것 순으로 공유한다.

■ Wrap Up(활동 8 - 10분)

(1) 기억에 남는 것

(2) 재미있었던 것

(3) 의미 있었던 것

(4) 적용할 것

실습 15(90분)

1) 두 번째 텔레 코칭 클래스로 출석을 확인한다.

2) 근황을 이야기하며 아이스브레이킹 시간을 갖는다.

3) 세 사람씩 짝을 지어(화상전화 환경에서는 소회의실을 활용) 각각 코치, 고객, 관찰자 역할을 나눈다.

4) 코치와 고객은 20분간 코칭대화를 하고, 관찰자는 앞에 있는 양식을 참조하여 관찰자 노트에 기록한다.

5) 코칭세션이 끝나면 먼저 고객의 소감을 듣고, 코치의 셀프 피드백을 나눈 후, 관찰자의 피드백과 FT강사의 피드백 시간을 갖는다.

6) 역할을 바꾸어 고객이 코치가 되고, 관찰자가 고객이 된다. 코치는 관찰자가 된다.

7) 코치와 고객은 20분간 코칭대화를 하고, 관찰자는 앞에 있는 양식을 참조하여 관찰자 노트에 기록한다.

8) 코칭세션이 끝나면 먼저 고객의 소감을 듣고, 코치의 셀프 피드백을 나눈 후, 관찰자의 피드백과 FT강사의 피드백 시간을 갖는다.

9) 역할을 바꾸어 하지 않은 역할을 맡는다.

10) 코치와 고객은 20분간 코칭대화를 하고, 관찰자는 앞에 있는 양식을 참조하여 관찰자 노트에 기록한다.

11) 코칭세션이 끝나면 먼저 고객의 소감을 듣고, 코치의 셀프 피드백을 나눈 후, 관찰자의 피드백과 FT강사의 피드백 시간을 갖는다.

12) Wrap Up에 기억에 남는 것, 재미있었던 것, 의미 있었던 것, 적용할 것 순으로 공유한다.

■ Wrap Up(활동 9 - 10분)

(1) 기억에 남는 것

(2) 재미있었던 것

(3) 의미 있었던 것

(4) 적용할 것

M1. 코칭의 이해

1. 코칭의 정의 : 개인과 조직의 잠재력을 극대화하여 최상의 가치를 실현할 수 있도록 돕는 수평적 파트너십

2. 코칭의 철학 : 고객을 자신의 전문가로 존중하며 모든 사람을 창의적이고 완전성을 추구하고자 하는 욕구가 있으며, 누구나 내면에 자신의 문제를 스스로 해결할 수 있는 자원을 가지고 있다고 믿는다.

3. 코칭의 역사 : 1995년에 국제코칭연맹을 창립하고, 2003년에 한국코치협회를 발족하였다.

4. 윤리 실천 : 한국코치협회 윤리규정은 총 4장 10조로 구성되어 있으며, 기본윤리, 코칭에 관한 윤리, 직무에 대한 윤리, 고객에 대한 윤리로 구분되어 있다.

5. 자기 인식 : 지금 여기의 생각, 감정, 욕구에 집중하고 알아차린다. 코치 자신의 존재를 귀하게 여기는 마음이 확장되어 고객의 존재를 귀하게 여긴다.

M2. 코칭 대화모델 SCORE

1. 라포 형성 : 코칭을 시작하는 첫 단계에서 코치와 고객 사이에 서로 신뢰가 높아지고, 심리적 안전감을 조성하기 위해 필요한 단계이다.

2. 목표 설정 : 코칭은 한담이 아니라 집적된 대화이므로 코칭세션 내에서 성취할 수 있는 목표를 구체화하는 단계이다.

3. 자원 탐색 : 목표 설정과 실행 계획 사이에서 고객의 이슈와 알아차림을 불러일으켜 새로운 상황으로 나아갈 수 있도록 지원하는 단계이다.

4. 실행 계획 : 좋은 목표를 세웠다 할지라도 실행하지 않으면 성과는 얻을 수 없으므로 꽃이 피고 열매가 맺게 하는 중요한 단계이다.

5. 후원 환경 : 고객 자신이 세운 실행 계획을 스스로 책임져야 하기에 그 책임질 수 있는 환경을 구성하도록 지원하는 단계이다.

M3. 코칭 스킬 LID

1. 경청 : 고객의 이야기를 맥락적으로 이해하고, 반영하며, 재진술과 요약을 통해 공감하고, 고객의 생각, 감정, 의도, 욕구를 이해한 대로 표현하고, 고객의 표현을 지원하는 스킬이다.
2. 질문 : 의미 확장, 구체화, 명료화, 알아차림, 통찰, 관점 전환, 재구성, 가능성 확대 등을 위해 다양한 기법과 도구를 활용하면서 긍정적, 중립적 언어로 개방적 질문을 하는 스킬이다.
3. 피드포워드 : 피드백은 과거에 대해 먹이를 주는 것이지만 피드포워드는 칭찬, 인정과 지지, 축하 등을 통해 미래에 대해 먹이를 주는 것이다. 은유와 비유를 활용할 수도 있다.

M4. 코치 되기

1. 코칭 계약 : 코칭을 소개하고 코칭세션에서 다루는 내용이나 방법 등을 소개한 후 코칭 시 알고 있으면 도움이 될 만한 고객의 가치관과 고민하고 있는 주제 등의 사전 질문을 포함한 환영 편지, 코칭윤리 준수사항과 취소나 연기조건 그리고 코칭수단과 기간 및 비용 등을 명시한 코칭 동의서를 소개하였다.
2. 자기 관리 : 코치의 자기 관리를 위하여 코칭 준비, 성찰 훈련, 알아차림, 그리고 자격인증절차 등을 소개하였다.
3. 텔레 코칭 클래스 : 종합적인 코칭 훈련을 위하여 코칭 대화모델과 스킬을 총동원한 실전훈련이다.

● 코치의 지속 성장을 위한 제언

- 20시간 훈련이 성숙한 직업인으로 변화시키는 것은 아니다. 실습하는 방법을 소개한 것에 불과하므로 각 실습의 마지막 항목에 소개한 내용을 따라 실습을 이어나가야 직업인으로서 역량을 채울 수 있다.

제2부

심화 과정

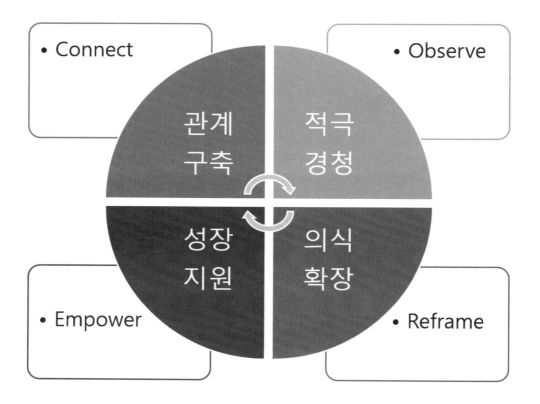

- Connect
- Observe
- Empower
- Reframe

관계
구축

적극
경청

성장
지원

의식
확장

관계 구축(Connect)

- 고객과 수평적이고 안전한 관계, 진솔하고 호기심 어린 관계 속에서 코칭을 진행할 수 있다.

- 공감 지도와 같은 시각화 도구들을 활용하여 관계 구축을 강화할 수 있다.

- 일반적으로 많이 활용되는 성격검사 도구인 DISC를 활용하여 고객지향적인 관계 구축을 할 수 있다.

M5. 관계 구축(Connect)

1. 관계 구축 역량

1) 중요성
  (1) 코치와 고객의 관계는 수평적 관계, 신뢰로운 관계, 안전한 관계, 긍정적인 관계, 진솔한 관계, 호기심 어린 관계, 존재와 연결된 관계 등이다.
  (2) 사람과 사람 사이의 관계를 구축하는 것은 서로의 진가를 깊이 알아가고 발전시킨다. 사람마다 기여할 수 있는 방법의 다양성을 인식하면 모든 것이 소중한 존재임을 인정하게 된다.
  (3) 코치와 고객의 첫 만남에 따라 고객이 마음을 활짝 열 수도 있고 형식적인 대화의 시간이 될 수도 있다. 특히 회사의 요청으로 코칭에 임한 임원이거나, 부모의 요청으로 코칭에 임한 청소년의 경우는 더욱 그렇다.
  (4) 코치의 고객에 대한 긍정적이고 수용적인 태도로 신뢰감과 안전감을 조성할 때 고객의 뇌는 호의를 안정감으로 해석하여 어떤 이야기든지 믿고 털어놓을 수 있고, 있는 그대로 표현할 수 있게 된다. 터놓고 이야기하지 못하는 이유는 무시, 비판, 오해 등이 걱정되기 때문이다.
  (5) 코치가 고객의 가치관이나 가능성, 정말 원하는 것 등에 대하여 호기심 어린 질문을 할 때 고객은 에너지가 올라가면서 창의가 발현된다.
  (6) 관계 구축이 코칭의 출발점이기 때문에 형식적으로 다가가는 것을 넘어 누구에게나 코치가 곁에만 가면 따뜻하면서도 시원하게 느껴지는 사람이 된다면 더할 나위가 없을 것이다. 사람은 누구나 자신의 이슈를 해결해 나가는 데 있어서 누구보다도 전문가라는 점을 인식할 필요가 있다.
  (7) 신뢰롭고 안전한 환경일 때 고객은 기쁨만이 아니라 슬픔이나 분노까지도 표현할 수 있다. 이럴 때 코치는 당황하지 말고 있는 그대로를 수용하는 마음 자세가 필요하다.
  (8) 인정과 지지를 받으면 고객은 실제로 더욱 적극적이 되고 용감해진다.

2) 코칭세션에서의 관계 구축 예시

   (1) 정말 그러시겠어요. 오늘도 그런 분위기에서 이루어지기를 기대합니다.

   (2) 그런 생각을 하고 계시는 고객님의 마음을 나눠 주시겠어요?

   (3) 고객님께서 원하시는 것을 모두 이루실 수 있도록 최선을 다하겠습니다.

   (4) 지금 고객님의 상태를 이미지로 표현해 주시겠어요? 어떤 의미인가요?

   (5) 고객님은 그런 포부를 가지고 계시는 분이시군요.

   (6) 말씀하시는 걸 들어보니 고객님은 이런 분이라고 생각되는데 어떠신지요?

   (7) 그것이 고객님의 이런 가치와 신념에 근거한 것이었군요?

   (8) 눈물이 맺히셨는데 저도 가슴이 찡하네요. 어떤 감정이 올라오신 것인지 나눠주시겠어요?

   (9) 고객님의 현재 몸의 상태는 어떠신가요?

   (10) 그 힘든 마음이 지금은 어떻게 되기를 원하시나요?

   (11) 그 말씀을 하시고 나니까 어떤 느낌이 드시나요?

   (12) 고객님의 통찰력이 놀랍습니다. 그런 통찰력을 가지신 고객님은 어떤 분이신가요?

실습 16(30분)

1) 두 사람씩 짝을 지어 한 사람은 코치가 되고, 한 사람은 고객이 된다.

2) 신뢰와 안전감을 조성하고 코칭 프레즌스를 유지하며 20분간 코칭한다.

3) 코칭받는 동안 어떠했는지 고객의 느낌을 들어본다.

4) 코칭 프레즌스는 마음속 깊은 곳에서 올라와야 하는 것이므로 늘 수련자로 살아간다.

5) 종교적이든 비종교적이든 모든 영성 훈련은 자신을 상대화하는 곳으로 지향한다. 자기중 심적 사고에 사로잡히면 위태로움을 느끼고 자신을 방어하게 되는데, 여기에서 벗어나면 사랑하는 마음과 상대방을 존중하는 마음을 바탕으로 관계를 구축하게 된다.

6) 사람은 일반적으로 다른 사람의 평가에 의해 자신을 바라보게 된다. 자신을 삶의 작가로 여기는 것이 필요하다. 여기에 인정과 지지라는 새로운 에너지를 섭취하면서 자신과의 관 계를 재평가하고 재정립할 수 있다.

7) 사람이 공격이나 무시 당했다고 느낄 때는 상대방이 대단한 공격을 해야만 발생되는 것이 아니고 사소한 말이나 행동에서도 영향을 받는다.

 (1) 자신의 이야기를 듣지 않고 다른 화제로 돌릴 때

 (2) 무관심해 보일 때

 (3) 언짢은 시선

 (4) 예의가 부족한 행동

 (5) 산만한 태도

 (6) 거절 당했을 때 등

2. 공감 지도

1) 개요
  (1) 제품이나 서비스의 개선점을 찾기 위해 소비자들의 생각과 느낌, 듣기, 말하기와 행동하기, 보기 등의 욕구를 통찰하고 정의하는 도구이다.
  (2) 이 장표는 편집한 것으로 본래 Design Thinking의 장표에는 손해(Pain)와 이익(Gain)을 기록하는 난이 더 있다.
  (3) 고객의 성격이나 취향을 설문이나 진단지로 조사하지 않더라도 공감 지도를 통한 자연스러운 접근으로도 그 이상의 효과를 볼 수 있다.

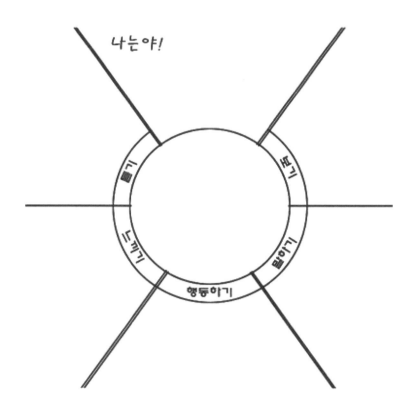

2) 코칭세션에서의 예시

    (1) 무엇이 가장 만족스러우셨나요?

    (2) 어떤 점이 염려되거나 주저하게 만들고 있나요?

    (3) 고객님은 그 과정 속에서 어떤 이야기가 듣고 싶으셨나요?

    (4) 그 말씀하시는 동안에 힘이 느껴졌는데 그것이 무엇인지 궁금합니다.

    (5) 고객님의 현재 마음의 상태를 표현해 주시겠어요?

    (6) 고객님께서 가장 피하고 싶은 장면은 무엇인가요?

    (7) 이 부분에 중요성을 가지고 성취하시려는 고객님은 어떤 분이신가요?

    (8) 고객님이 이 말씀을 하시면서 표정이 변화되셨는데 어떤 마음인가요?

    (9) 고객님께서 말씀하신 것은 어떤 의미인가요?

실습 17(30분)

1) 두 사람씩 짝을 지어 한 사람은 코치가 되고, 한 사람은 고객이 된다.

2) 장표에 표현된 내용을 중심으로 관계를 구축하는 데 초점을 맞춘다. 듣고 싶어 하는 것, 생각하고 느끼고 싶어 하는 것, 보고 싶어 하는 것, 말하고 행동하고 싶어 하는 것을 적고 그 단어를 활용해서 6W2H(Why, What, Where, When, Who, Want, How, How much)로 질문하며 따라 들어간다.

3) 앞 페이지에 있는 예시도 참조한다.

4) 역할을 바꿔서 진행한다.

5) 코칭대화 시에도 시각화하는 것은 알아차림을 불러일으키기에 좋기도 하지만 관계 구축을 위해서도 신뢰와 안전감을 조성하는 데 도움이 된다.

---

3. DISC 인간 행동 유형

1) 개요[7]

    (1) 미국의 심리학자 윌리엄 몰튼 마스톤의 이론에 기반한 것으로 사람마다 독특하고 행동하는 패턴을 D형, I형, S형, C형으로 분류하는 도구이다.

    (2) D형은 Dominance의 머리글자로 주도형이라고 한다. I형은 Influence의 머리글자로 사교형이라고 한다. S형은 Steadiness의 머리글자로 안정형이라고 한다. C형은 Conscientiousness의 머리글자로 신중형이라고 한다.

    (3) 이 진단의 결과에 대해서는 다양한 차원이 있다. 본래의 자신으로 진단되기는 쉽지 않다는 것이다. 교육받은 시각으로 임할 수도 있고, 자신이 현재 활동하고 있는 환경에 의해 수동적인 시각으로 임할 수도 있기 때문이다. 그러나 대략적인 유형을 알아보는 데는 비교적 간단하다.

    (4) 주도형인 D형의 강점은 직관력, 결단력, 책임감, 추진력, 실천력, 의지력, 성공지향적, 도전정신, 낙관적, 문제해결력 등이다.

    (5) 사교형인 I형의 강점은 친화력, 낙천적, 설득력, 협상력, 사교적, 매력적, 융통성, 따뜻함, 예술적, 관대함, 촉진자, 긍정적, 미래지향적 등이다.

    (6) 안정형인 S형의 강점은 차분함, 순수함, 온유함, 협동적, 인내력, 유연함, 충성, 자제력, 끈기, 편안함 등이다.

    (7) 신중형인 C형의 강점은 분석적, 충성심, 책임감, 강직함, 완벽함, 자존감, 이지적, 논리적, 차분함, 도덕적, 성실함, 절제력, 이론적, 효율적, 배려심, 심오함 등이다.

    (8) 인간 행동 유형을 환영 편지 등을 통해 미리 알게 되면 관계 구축에 많은 도움이 된다.

---

7)   홍광수, 『관계혁명』, 북소울, 2023.

2) 진행 방법

  (1) 진단지는 저작권 관계로 여기에 게재하지 않는다. 각주에 있는 교재나 인터넷에 소개된 사이트를 활용해보자. 많은 사람들이 이미 진단을 하고 자신의 행동 유형을 알고 있을 수도 있다.

  (2) 진단 후 같은 형끼리 모여 조를 이루고 듣고 싶은 것과 듣고 싶지 않은 것을 브레인스토밍하여 표10에 기록하고 각 조별로 발표한다.

	D형	I형	S형	C형
듣고 싶은 것				
듣고 싶지 않은 것				

표10 DISC 유형에 따른 경청

3) 코칭세션에서의 예시

  (1) 고객님은 어떤 환경을 좋아하시나요?

  (2) 고객님의 다른 사람에 대한 표현은 어떠신가요?

  (3) 다른 사람의 말을 들을 때 고객님의 마음의 상태는 어떠신가요?

  (4) 고객님은 어떤 내용의 이야기 나누는 것을 좋아하시나요?

  (5) 고객님의 시간은 어떻게 활용하고 계시나요?

  (6) 고객님의 목소리의 톤은 어떤 편이신가요?

  (7) 고객님은 이야기하시면서 제스처를 어떻게 표현하시나요?

  (8) 고객님은 어떤 스타일의 옷을 좋아하시나요?

  (9) 고객님의 삶의 페이스는 어떠신가요?

실습 18(30분)

1) 두 사람씩 짝을 지어 한 사람은 코치가 되고, 한 사람은 고객이 된다.

2) 자신의 DISC 인간 행동 유형을 상호 공유한다.

3) 고객의 유형은 어떤 특징이 있는지 나눈다.

4) 고객의 인간 행동 유형에 따라 적합한 방법으로 관계를 구축하는 데 초점을 맞추며 코칭을 진행한다.

5) 위의 예시도 참조한다.

6) 역할을 바꿔서 진행한다.

7) 성격진단도구나 직업적성진단도구 등을 학습하여 코칭에서 고객과 관계를 구축하는 과정에 응용해본다.

---

4. 핵심역량 분석

실습 19(60분)

1) 네 사람이 한 조가 되어 코치, 고객, 관찰자1, 관찰자2의 역할을 각각 담당한 후 기초과정에서 훈련한 코칭을 30분간 진행한다.

2) 코칭대화 중에서 어떤 상황과 대화가 표11에 있는 '한국코치협회 핵심역량 관계 구축 주요항목'에 해당되는지 브레인스토밍한다.

3) 코칭대화 중에서 어떤 상황과 대화가 표12에 있는 '국제코칭연맹 PCC Markers 신뢰와 안전감 조성 / 프레즌스 유지'에 해당되는지 브레인스토밍한다.

4) 관찰자들의 피드백을 듣는다.

5) 남은 수업인 "적극 경청", "의식 확장"과 "성장 지원" 시간에 참여할 때는 사전에 준비한 코칭 녹음파일과 녹취록을 지참한다.

6) 한국코치협회 핵심역량이나 국제코칭연맹 PCC Markers는 가지고 다니면서 코칭상황과 연결하여 늘 묵상한다.

한국코치협회 핵심역량 관계 구축 주요항목

∨ 코치는 고객을 수평적인 관계로 인정하며 대하였다.	■
∨ 고객과 라포를 형성하여 안전한 코칭환경을 유지하였다.	■
∨ 고객에게 긍정반응, 인정, 칭찬, 지지, 격려 등의 언어를 사용하였다.	■
∨ 고객의 특성, 정체성, 스타일, 언어와 행동패턴을 알아주고 코칭에 적용하였다.	■
∨ 코치는 고객에게 자신의 생각, 느낌, 감정, 알지 못함, 취약성 등을 솔직하게 드러냈다.	■
∨ 코치는 고객의 주제와 존재에 대해서 관심과 호기심을 유지하였다.	■

표11 KCA 역량 관계 구축 주요항목

국제코칭연맹 PCC Markers 신뢰와 안전감 조성 / 프레즌스 유지

4.1 : 코치는 코칭 과정에서 고객의 고유한 재능, 통찰력 및 노력을 인정하고 존중하였다.	■
4.2 : 코치는 고객에 대한 지원, 공감 또는 관심을 보여주었다.	■
4.3 : 코치는 고객의 감정, 인식, 우려, 신념 또는 제안의 표현을 인정하고 지원하였다.	■
4.4 : 코치는 고객이 코치의 기여에 어떤 식으로든 응답하도록 초대하여 고객과 파트너 관계를 맺고 고객의 응답을 수락하였다.	■
5.1 : 코치는 고객의 전체 사람(누구)에 응답하여 행동하였다.	■
5.2 : 코치는 고객이 이 세션을 통해 달성하고자 하는 것(무엇)에 대한 응답으로 행동하였다.	■
5.3 : 코치는 고객이 이 세션에서 일어날 일을 선택할 수 있도록 지원함으로써 고객과 파트너 관계를 맺었다.	■
5.4 : 코치는 고객에 대해 더 많이 알고 싶어 하는 호기심을 보여주었다.	■
5.5 : 코치는 침묵, 일시 중지 또는 성찰을 허용하였다.	■

표12 ICF PCC Markers 신뢰와 안전감 조성 / 프레즌스 유지

■ Wrap Up(활동 10 - 10분)

(1) 기억에 남는 것

(2) 재미있었던 것

(3) 의미 있었던 것

(4) 적용할 것

적극 경청(Observe)

- 고객이 정말 원하는 것을 찾아내어 경청하고, 이슈와 환경을 포함하여 맥락적으로 이해하고, 반영하고 공감하며 경청할 수 있다.

- 고객과 함께 춤추며 고객의 말을 요약하거나 직면하도록 도울 수 있다.

- 고객의 의도, 욕구, 감정, 생각을 시각화와 함께 이해하며 이해한 것을 고객에게 표현하거나 고객이 표현하도록 도울 수 있다.

M6. 적극 경청(Observe)

1. 경청의 중요성

1) 경청은 고객이 원하는 것을 마음으로 받아들이는 것이다. 코칭세션이 아니더라도 이것은 사람과 사람을 연결하는 가교가 된다.

2) 코칭을 잘하려면 질문도 잘해야 하지만 더 중요한 것은 같은 말이라도 고객이 이야기할 때마다 그것이 다른 의미의 표현이라고 생각하고 탐구하며 듣는 것이다. 왜냐하면 고객이 살아오면서 쌓은 지식과 경험, 문화체계 등의 기반이 듣고 있는 코치의 그런 기반들과 전혀 다르기 때문이다.

3) 코칭은 익숙한 환경에 머무는 것이 아니라 낯선 곳으로 향해 나아가는 발걸음이다. 그러므로 고객이 원하는 방향만 맞다면 그 걸음이 작은 것이라 할지라도 귀하고 중요하게 여기며 경청하면 고객은 점점 더 큰 보폭으로 나아가게 된다.

4) 코치는 구체적인 방법을 찾아주기 위한 것보다 더 귀를 기울여야 하는 것은 고객이 원하는 것, 고객이 정말 중요하게 여기는 가치, 고객의 관심사 등에 대한 것이다.

5) 고객이 불편함을 표현할 때 이를 부정적인 사람이라고 평가하지 말고 불편함의 늪에서 나오고 싶은 열망과 희망으로 경청할 필요가 있다.

6) 모든 고객은 자신이 존재하고 행동하는 방식에 대해서 가장 전문가이므로 고객만의 방법에 귀를 기울여야 한다.

7) 고객의 이야기를 코치의 눈으로 평가하며 대안을 떠올리지 말고, 고객이 스스로 갈망하는 변화에 주목해야 한다.

8) 좋은 질문보다 심지어 침묵하는 것이 오히려 고객의 알아차림을 불러일으킬 수 있는 지름길이므로 다음 질문에 대한 조바심에서 자유로울 수 있다.

9) 고객은 자신의 삶을 위한 최고 전문가임을 기억하고 고객이 표현한 단어를 아는 단어라고 생각하지 않고 호기심을 가지고 질문하면서 경청한다.

2. 경청의 나침반[8]

1) 진행 방법
    (1) 표13에서 가로축은 시간을 의미하고, 세로축은 대화의 내용을 의미한다. 가로축은 과거에서 미래로 이어지고, 세로축은 부정에서 긍정을 향하여 올라간다.
    (2) 과거와 부정이 만나면 부정적이었던 과거가 되고, 미래와 부정이 만나면 만나고 싶지 않은 부정적인 미래가 된다.
    (3) 과거와 긍정이 만나면 긍정적이었던 과거가 되고, 미래와 긍정이 만나면 긍정적이고 낙관적인 미래가 된다.
    (4) 긍정적이고 낙관적인 미래는 고객이 가장 원하는 삶이다. 긍정적인 과거는 긍정적인 성과를 이루었던 과거이다. 그럼에도 부정적인 과거가 있었고, 미래에도 부정적인 삶으로 다시 내몰릴까 봐 걱정이 되기도 한다. 코치는 고객이 정말 원하는 미래로 함께 나아가는 동반자이다.

	과거	미래
긍정	긍정적인 과거	긍정적인 미래
부정	부정적인 과거	부정적인 미래

표13 경청의 나침반

---

8) Haesun Moon, 최중진 역, 『Coaching a-z : The Extraordinary Use of Ordinary Words』, 박영스토리/피와이메이트/박영사, 2022.

2) 경청의 나침반을 활용한 코칭 예시

  (1) 고객님께서 이 표에서 지금 머물고 싶은 곳은 어디인가요?

  (2) 고객님께서 지금 이야기하신 상황이 무척이나 무거워 보이네요. 긍정적인 미래로 갈 수 있는 가장 가까운 출구는 어디인가요?

  (3) 그동안의 경험에 비추어 긍정적이었던 과거와 같은 상황으로 갈 수 있었던 지름길은 어떤 마음에서 비롯되었을까요?

  (4) 현재의 고객님의 상황에서 긍정적인 미래를 향한 지름길을 찾는다면 어떤 가치가 고객님을 이끌 수 있는지 이 표에 표현해 보시겠어요? 단어로 표시하든, 그림으로 표시하든, 화살표로 표시하든 편한 방법으로 하시면 됩니다.

  (5) 무슨 일을 새로 시작하려고 하면 심호흡을 하기도 하고, 미루기도 하면서 두려움이 발목을 잡고 있어서(부정적인 과거) 앞으로 나아가지를 못해요(부정적인 미래). 다른 사람들이 하는 걸 보면 '뭔가를 해야겠어' 하면 착착 진행이 되는 걸 보면 부럽기도 하고(긍정적인 미래) 난 언제쯤 저렇게 될까 나도 이제는 경험치들도 생겼으니(긍정적인 과거) 그런 속도감이 더 붙었으면 좋겠다(긍정적인 미래) 싶어요. 사실 처음에는 두려웠지만 강의도 했거든요. 좋은 피드백도 받았구요(긍정적인 과거).

실습 20(30분)

1) 세 사람씩 짝을 지어 각각 코치, 고객, 관찰자가 된다.

2) 라포 형성, 목표 설정, 자원 탐색까지 20분간 코칭을 진행한다.

3) 관찰자는 아래 빈칸에 해당되는 문장을 기록한다.

4) 코칭이 끝나면 관찰자의 기록을 공유한다.

5) 다시 한 번 하지 않은 역할을 맡아 코칭을 진행한 후 기록을 공유한다.

6) 이 표를 활용하여 고객이 정말 원하는 것이 무엇인지 귀를 기울이는 것을 지속적으로 훈련한다.

	과거	미래
긍정		
부정		

3. 맥락적 이해

1) 이해관계도[9]

  (1) 개요

   - 코칭세션에서 고객의 이슈는 해당 이슈와 관련된 환경을 포함한 맥락이 존재한
     다. 이슈를 넘어 맥락을 이해할 때 통찰을 불러일으킬 수 있다.
   - 다양한 공동체와 조직 안에서 함께하는 사람들 사이의 심리적 거리를 시각화하여
     통찰과 성찰을 불러일으키는 도구다.
   - 라이프코칭뿐 아니라 리더십코칭, 비즈니스코칭, 커리어코칭에서도 인간관계에
     대한 이슈가 많다. 인간관계를 대화로만 풀어가는 것보다 시각화하는 것이 시스
     템적으로 통찰과 성찰을 불러일으키기에 유용하다.

  (2) 진행방법

   - 그림과 같이 밑그림을 그려놓고 원인 위치에 고객 자신을 기록한 후, 조직 내에서
     이해관계자들을 떠올리며 심리적 거리를 느끼는 것만큼의 위치와 방향을 설정하
     여 해당 위치에 기록한다.
   - 이해관계자들은 닉네임으로 표기한다.
   - 이해관계자들과의 관계에서 에너지가 떨어지거나 성과에 방해가 된다고 생각되
     는 사람들, 에너지가 올라가고 성과에 도움이 된다고 생각되는 사람들과의 심리
     적 거리로 시각화되어 코칭대화를 돕는다.

  (3) 코칭세션 내에서 이해관계도를 활용한 예시

   - 이 도표 안에 고객님께서 말씀하신 주제의 배경이 되는 조직 안에서 이해관계자
     들을 닉네임으로 쓰시고 심리적 거리를 표시해 주시겠어요?
   - 긍정적인 영향을 주고받는 관계에는 플러스기호(+)를, 부정적인 영향을 주고받는
     관계에는 마이너스기호(-)를 닉네임 옆에 붙여주세요.
   - 전체를 한눈에 보시니 어떤 통찰이 일어나시나요?
   - 마이너스 기호로 표시하신 사람이 고객님을 힘들게 하는군요? 심리적인 거리는
     먼데 시선은 마주 보고 계시네요? 도면 위에 놓고 보니 어떤 마음이 느껴지시나요?

---

9) 홍삼열 편저, 『퍼실리테이티브 리더십 코칭 : 한국코치협회 인증 심화과정』, 좋은땅, 2024.

이해 관계도

어떤 사람들과 영향을 주고 받나요?

원인	핵심	직접영향	간접영향
Cause	Core stakeholder	direct effect	In-direct effect

실습 21(30분)

1) 두 사람씩 짝을 지어 한 사람은 코치가 되고, 한 사람은 고객이 된다.

2) 주제를 인간관계와 관련된 것으로 설정하여 20분간 코칭을 진행한다.

3) A4용지 위에 위와 같이 이해관계도를 그린다.

4) 코칭을 진행하면서 고객의 이야기 속에 등장하는 인물들을 배치하되 해당 인물들이 바라
   보는 방향으로 화살표를 머리에 붙인다.

5) 원인 위치에 있는 고객과 방향과 거리 등을 시스템적 시각으로 바라보며 느끼는 것을 질
   문하며 고객의 속마음을 경청한다.

6) 본원의 [퍼실리테이티브 리더십 코칭(ACPK01274)] 인증 역량 40시간 과정에서는 시각화
   뿐 아니라 40여 가지의 다양한 도구를 활용한다.

2) 수퍼비전 코칭[10]에서의 맥락적 이해

  (1) 개요

- 수퍼비전은 다른 말로 코치더코치라고도 한다. 자격에 응시하는 조건에 상위 코치에게 수퍼비전을 받아야 하는 프로세스가 있기 때문에 수퍼비전을 받을 때는 주로 코칭핵심역량이 잘 훈련되었는가를 보고 지도하는 데 초점을 둔다.
- 하지만 고객의 목표가 보다 전문적인 과제나 문화적인 차이 때문에 지원을 필요로 하거나, 다양한 관점에서 접근하고자 할 때 상위 코치 또는 타 분야 코치와 협력관계 차원에서 수퍼비전 코칭을 받을 수 있다.
- 사람은 누구나 여러 가지 환경과 관계를 맺는다. 가족, 조직, 사회 등과 관련한 다양한 맥락이 존재한다. 고객, 수퍼바이지, 수퍼바이저 모두에게도 해당된다. 수퍼비전을 하는 코치는 수퍼바이저라고 하고, 수퍼비전을 받는 코치를 수퍼바이지라고 한다.
- 그 맥락은 가족 안에서의 맥락, 조직 안에서의 맥락(조직의 제약과 기대), 사회적 맥락이나 규범 등이 있다.
- 수퍼바이지가 코칭하는 방법, 고객과 수퍼바이지의 관계, 수퍼바이지 자신, 수퍼바이저와 수퍼바이지의 관계 중 어느 한 맥락에 초점을 맞춘다.

  (2) 맥락적 이해를 통한 경청 예시

- 그 고객은 어떤 경로를 통해서 코치님을 선택했나요?
- 두 사람의 관계의 내력을 이야기해 주시겠어요?
- 그 관계를 나타내는 은유나 이미지로 말씀해 주시겠어요?
- 고객의 배경이나 문화적 특징에 관해서 이야기해 주시겠어요?
- 그 고객은 그들의 가족이나 조직을 위해 어떤 부담감을 가지고 있나요?
- 고객님을 '희생자'로 만드는 '박해자'와 고객님을 돕는 '구원자'의 입장(드라마 삼각형)[11]에서 볼 때 그들의 행동은 어떤 영향에서 비롯된 것일까요?

---

10) 피터 호킨스 외 공저, 김상복 외 공역, 『수퍼비전 : 조력 전문가를 위한 일곱 눈 모델』, 한국코칭수퍼비전아카데미, 2019.
11) 크리스틴 손턴, 신준석 외 공역, 『창조적 조직을 위한 그룹코칭과 팀코칭』, 시그마프레스, 2013.

실습 22(30분)

1) 두 사람씩 짝을 지어 한 사람은 수퍼바이저가 되고, 한 사람은 수퍼바이지가 된다.

2) 수퍼바이지는 그 동안 코칭을 해오면서 가장 힘들었던 세션에 대해서 이야기를 나누고 그 안에서 목표를 설정하여 20분간 코칭한다.

3) 수퍼바이저는 그의 고객의 가족 안에서의 맥락, 조직 안에서의 맥락, 사회적 맥락 등을 직관으로나 질문을 통해 경청한다.

4) 수퍼비전 코칭에서 어떤 점이 도움이 되었는지 공유한다.

5) 자격응시를 위한 코치더코치를 하는 경우라 할지라도 시험기준에서만 지도하는 것보다 다양한 맥락을 이해하면서 경청하는 것을 추천한다.

6) 수퍼비전 코칭에서의 맥락적 이해를 위해서는 각주에 기록한 서적 등을 통해 수퍼비전 코칭에 대해 지속적으로 학습하자.

7) 고객의 이슈는 특정한 상황이나 배경이라는 테두리 안에서 이해할 수 있다. 그리고 그 맥락은 자기 한계를 벗어나지 못할 때가 많다. 자신의 경계선과 다른 사람의 경계선이 융합되어 공통분모가 생길 때 비로소 진정한 소통이 일어나게 되는 것이다.

8) '그건 너 때문이야'라는 희생자 모드를 벗어나 '나를 통하여'라는 사명자 모드로 전환될 때 같은 상황 속에 있더라도 행동의 전환이 일어나 전혀 다른 삶으로 성장할 수 있다.

4. 핵심역량 분석

실습 23(60분)

1) 네 사람이 한 조가 되어 코치, 고객, 관찰자1, 관찰자2의 역할을 각각 담당한 후 녹취록을 보며 녹음한 코칭을 함께 들어본다.

2) 코칭대화 중에서 어떤 상황과 대화가 표14에 있는 '한국코치협회 핵심역량 적극 경청 주요항목'에 해당되는지 브레인스토밍한다.

3) 관찰자1이 피드백한다.

4) 코칭대화 중에서 어떤 상황과 대화가 표15에 있는 '국제코칭연맹 PCC Markers 적극적인 경청'에 해당되는지 브레인스토밍한다.

5) 관찰자2가 피드백한다.

6) 남은 수업인 "의식 확장 심화역량"과 "성장 지원 심화역량" 시간에 참여할 때는 사전에 준비한 코칭 녹음파일과 녹취록을 지참한다.

7) 한국코치협회 핵심역량이나 국제코칭연맹 PCC Markers는 가지고 다니면서 코칭상황과 연결하여 늘 묵상한다.

한국코치협회 핵심역량 적극 경청 주요항목

∨ 고객이 말한 것과 말하지 않은 것을 맥락적으로 헤아려 듣고 표현하였다.	■
∨ 어조 높낮이, 속도 맞추기,, 추임새 또는 맞장구 등을 하면서 경청하고, 고객의 이야기를 재진술, 요약하거나 직면하도록 도왔으며, 침묵(Space)을 활용하면서 경청하였다.	■
∨ 고객의 생각이나 감정, 의도나 욕구를 이해하며, 이해한 것을 고객에게 표현하였다.	■
∨ 고객이 자신의 생각, 감정, 의도, 욕구를 표현하도록 도왔다.	■

표14 KCA 역량 적극 경청 주요항목

국제코칭연맹 PCC Markers 적극적인 경청

6.1 : 코치의 질문과 관찰은 코치가 고객이 누구인지 또는 고객의 상황에 대해 배운 것을 사용하여 맞춤화되었다.	■
6.2 : 코치는 고객이 사용하는 단어에 대해 문의하거나 탐색하였다.	■
6.3 : 코치는 고객의 감정에 대해 문의하거나 탐구하였다.	■
6.4 : 코치는 고객의 에너지 변화, 비언어적 단서 또는 기타 행동을 탐구하였다.	■
6.5 : 코치는 고객이 현재 자신이나 자신의 세계를 어떻게 인식하는지 묻거나 탐구하였다.	■
6.6 : 코치는 고객이 명시적인 코칭 목적이 없는 한 중단하지 않고 말하기를 완료할 수 있도록 하였다.	■
6.7 : 코치는 고객의 명확성과 이해를 보장하기 위해 고객이 전달한 내용을 간결하게 반영하거나 요약하였다.	■

표15 ICF PCC Markers 적극적인 경청

■ Wrap Up(활동 11 - 10분)

(1) 기억에 남는 것

(2) 재미있었던 것

(3) 의미 있었던 것

(4) 적용할 것

의식 확장(Reframe)

- 중립적이고 개방적인 질문, 침묵과 은유 등 기법을 활용하여 의미를 확장하도록 도울 수 있다.

- 고객의 말에서 구체화, 통찰, 관점 전환, 재구성을 지원할 수 있으며, 고객의 상황/경험/사고/가치/욕구/신념/정체성 등의 탐색을 통해 가능성 확대를 지원할 수 있다.

- 질문 프레임을 활용하여 직업인인 전문코치로서의 역량을 다양한 방법으로 발휘할 수 있다.

M7. 의식 확장(Reframe)

1. 의식 확장 역량

1) 중요성
   (1) 의식은 다른 말로 알아차림, 인식, 자각, 일깨우기 등으로 쓰인다.
   (2) 코칭은 코치가 답을 주는 것이 아니고 고객이 스스로 답을 찾아가도록 지원하는 것이기 때문에 코치가 지원할 수 있는 가장 중요한 영역은 고객의 에너지를 올려주고, 다른 관점으로 볼 수 있도록 안내하는 일이다.
   (3) 실행 계획에서 여러 가지의 옵션을 이야기하게 하지만 짧은 시간에 많은 것을 실행하기 어려우므로 그중 한 가지 계획에 초점을 맞춘다. 그러나 의식 확장을 통하여 다양한 관점을 구축하게 하는 것은 최고의 가치를 실현하게 하는 지름길이다.
   (4) 코치는 질문을 통해 고객의 경험, 사고, 가치, 욕구, 신념을 표현하게 하여 고객을 둘러싸고 있는 관계, 상황, 환경, 가능성에 대하여 시스템적으로 통찰이 일어나도록 지원할 수 있다.
   (5) 고객이 떠올린 은유, 이미지, 색깔 등은 목표와의 강제 연상을 통해 관점을 전환하고 의식을 확장하게 한다.
   (6) 고객의 침묵을 기다려주거나, 때로는 코치의 침묵을 통하여 코치와 고객의 스페이스를 만들어 무한한 가능성을 열어줄 수 있다.
   (7) 분노는 자신이 탁월하게 해내는 분야이기 때문에 다른 사람이 따라오지 못할 때 생기는 감정인 것처럼 고객의 관점을 재구성하도록 지원할 수 있다.

2) 코칭세션 내에서 의식 확장 예시

  (1) 고객님이 중요하게 여기는 가치와 관련하여 어느 손에 있는 것이 더 무게가 느껴지시나요?

  (2) 그렇게 말씀하시고 나니까 마음의 어떤 여운이 남으시나요?

  (3) 말씀하시는 동안 마음에서 어떤 경험을 하고 계시나요?

  (4) 고객님이 원하시는 상태를 은유나 이미지로 떠올려보시는 것을 제안하고 싶은데 괜찮으실까요?

  (5) 고객님의 목표가 다 이루어진 모습을 사진으로 남겨주시겠어요? 그 사진을 보시고 떠오르는 생각을 나눠주시겠어요?

  (6) 지금 그 말씀 하시는 중에 웃음꽃이 활짝 피고 목소리 톤도 올라가셨는데 그 속에 무엇이 담겨있는 것인지 궁금해졌습니다. 나눠주시겠어요?

  (7) 지금까지 코칭대화를 나누면서 새롭게 인식되신 것이나 배움이 일어난 것이 있으면 이야기해 주시겠어요?

  (8) 고객님의 삶의 목적이나 비전은 무엇인가요? 그 말씀을 하시니 어떤 마음의 역동이 일어나시나요?

  (9) 지금 나눠주신 장면을 하늘에서 내려다본다고 상상해 보시겠어요?

  (10) 고객님의 생각을 듣고 신(神)은 뭐라고 말씀하실 것 같나요?

  (11) 제가 떠오르는 생각을 좀 나눠도 될까요? 비행기는 추진력이 저항력을 차고 올라가면서 날아오른다고 하는데 고객님께서 비행기라면 고객님이 맞닥뜨리신 불편한 상황을 어떻게 차고 날아오를 수 있을까요?

  (12) 그런 생각을 하시는 고객님은 어떤 분이신가요? 그런 분이신 것을 알아차리고 나시니 어떤 새로운 관점이 보이시나요?

3) 코칭세션 내에서의 은유 활용 사례

코치 : 말씀하신 관심과 열정과 학습하신 이런 내용들을 통틀어서 은유로 좀 표현해
봤으면 하는데 가능하실까요?

고객 : 물감과 붓이 있고, 캔버스에 다양한 색깔의 물감을 붓에 묻혀 조금은 뭔가 그
려져 있는 상태인 것 같아요. 이미 그림이 그려져 있지만 적당한 색깔들을 더
가미해서 멋진 작품이 나와서 전시되는 그래서 "전시회에 그림 보러 오세요"
하는 느낌이 드네요.

코치 : 네, 저도 막 달려가고 싶은 마음이 들어요. 방금 조금은 그려져 있다고 말씀하
셨는데 뭐가 좀 그려져 있었나요?

고객 : 그동안 해 온 경험들, 공부들, 그리고 자신이죠.

코치 : 작품이 완성되어 전시되는 느낌을 말씀하셨는데 뭘 좀 더 하셔야만 그림이 완
성될 수 있을까요?

실습 24(30분)

1) 두 사람이 짝을 지어 코칭을 20분간 진행한다.

2) 적극 경청하면서 의식을 확장시키고, 관점을 전환시키며, 알아차림을 지원하는 질문을 앞
의 예시를 참조하여 코칭한다.

3) 고객은 어떤 알아차림이 일어났는지 나눈다.

4) 코치는 코칭하면서 어떤 마음에서 질문을 했는지 나눈다.

5) 의식 확장을 위해 질문이 가장 많이 쓰인다. 기초 과정 이후에 쌓아놓은 질문들을 감각, 감
정, 욕구, 에너지, 환경, 상황, 관계, 사고패턴, 행동패턴 등으로 분류해서 정리하여 코칭에
서 활용한다.

2. 직면[12]

1) 개요
  (1) 고객이 자신의 미해결과제가 떠오르면 큰일이 일어날 것이라는 상상으로 해결되지 않은 욕구나 감정, 상황이나 행동에 직면하기를 두려워한다. 그러나 이를 직면하도록 지원하면 변화가 일어날 수 있다.
  (2) 신학자 폴 틸리히는 '존재에의 용기'를 역설했는데 이는 진실을 회피하지 않고 용기 있게 직면하는 자세를 뜻한다.
  (3) 지금 여기의 감정을 정확하게 인식하는 것도 좋은 직면이다.
  (4) 고객의 부정적인 말을 고쳐 말할 수 있도록 정중하게 지원할 수도 있다.
  (5) 고객이 제3자에게 말하는 형식을 계속 취한다면 정확하게 2인칭으로 바꿔서 말할 수 있도록 지원할 수 있다.

2) 코칭세션 내에서의 직면 활용 예시
  (1) 지금 말씀하신 그 행동은 누구를 기쁘게 해주는 결과를 가져올까요?
  (2) 어떤 일이 일어날 것이라고 상상하고 계시나요?
  (3) 지금 하신 말씀을 결의에 찬 어투와 표정으로 말씀해 주시겠어요?
  (4) 말씀하시는 것을 들으니까 '하지만~'이라는 단어를 계속 쓰시거든요. 이 말을 들으니까 어떤 생각이 드시나요?
  (5) 고객님은 화성에서 오셨는데 금성에서 온 사람에게는 이것을 어떻게 설명해야 제대로 알아들을 수 있을까요?
  (6) '두렵다'고 말씀하셨는데 반대로 고객님께서 자신감 있게 추진했던 경험을 나눠 주시겠어요? 그 말씀하시면서 무척이나 행복해 보이시는데요?
  (7) 지금 '죄송했다'고 하신 말씀을 '화가 났다'라고 바꾸어 생각해 보신다면 어떤 느낌이 드시나요?
  (8) 반드시 해야 한다고 하셨는데요. 하지 않는다면 어떤 일이 일어날까요?

---

12) 김정규, 앞의 책

실습 25(30분)

1) 두 사람이 짝을 지어 코칭을 20분간 진행한다.

2) 적극 경청하면서 의식을 확장시키고, 관점을 전환시키며, 알아차림을 지원하는 질문을 앞의 예시를 참조하여 코칭한다.

3) 고객은 어떤 알아차림이 일어났는지 나눈다.

4) 코치는 코칭하면서 어떤 마음에서 질문을 했는지 나눈다.

5) 직면을 잘못 활용하면 마치 코치가 해결책을 알려주는 것 같은 오해를 갖기 쉽다. 직면은 불일치를 고객 스스로 보게 하거나, 고객이 자신의 중요한 내적 자산을 인식하지 못할 때 잠재력과 가능성을 불러올리는 차원에서 이루어져야 하므로 지극히 정중한 언어로 진행되어야 한다.

6) 인증 코치에서 전문 코치로, 전문 코치에서 수퍼바이저 코치로 나아가면서 점점 필요해지는 역량이라고 할 수 있으므로 어떤 상황에서 직면이 필요한지 현장 경험을 통해 하나하나 정리할 필요가 있다.

3. 질문 프레임 활용

1) 과제 해결 질문

　(1) 코칭에서 가장 표준으로 사용되는 GROW도 컨설턴트인 존 휘트모어[13]에게서
　　 나온 모델이다. 많은 컨설턴트들이나 학자들이 평생을 현장에서 연구한 좋은 의
　　 식 확장을 위한 질문 도구들이 많다. 이를 컨설턴트처럼 분석한 결과나 대안제
　　 시용으로 사용하지 않고 질문 도구로 활용하면 코치의 경청을 통해 즉흥적으로
　　 떠오르는 질문보다 더 폭넓게 활용할 수도 있다.

　(2) 더욱이 적극 경청이 어렵게 느껴지는 것은 다음 질문에 대한 고민이 머릿속에 있
　　 기 때문에 온전히 귀 기울여 들을 수 없을 때가 대부분이다. 그러나 이미 정형화
　　 된 것이지만 질문 도구들을 고객의 주제에 따라 마음에 준비하여 담고 있으면 질
　　 문이 떠오를지 않을 때 꺼내 쓸 수 있기 때문에 오히려 경청에 집중할 수 있는 여
　　 유가 생긴다.

　(3) 컨설턴트들의 질문 프레임을 이해하면 비즈니스 현장 경험이 없는 코치라 할지
　　 라도 리더십과 현장의 관계나 구조를 이해할 수 있어 전문 코치로서의 역량을 향
　　 상시킬 수 있다.

Equal	Needs
Obstacle	Way

ENOW

---

13)　존 휘트모어, 김영순 역, 『성과 향상을 위한 코칭 리더십』, 김영사, 2007.

2) 활용 가능한 질문 프레임[14]

　(1) ENOW : Equal, Needs, Obstacle, Way의 첫 글자로 이루어진 도구로 다음과 같은 의미를 지닌다. Equal은 '내가 생각하기에는 이렇다'는 의미로 해당 이슈에 대한 자신만의 정의(definition)이나 은유를 의미한다. Needs는 필요나 욕구, 가치 등을 폭넓게 포함한다. Obstacle은 장애요인이나 어려운 점을 포함한다. Way는 방법이나 방향을 포함한다. 이처럼 질문에 대한 대답이 폭넓기 때문에 영성이나 인성 등 언어로 표현하기 모호한 주제를 나눌 때 유용하다.

　(2) ECS : Emotion, Connect, Solve의 첫 글자로 넘어서야 할 감정 상태, 연결을 통한 자원 탐색, 해결책을 순차적으로 찾아갈 수 있다. 심리와 영성의 경계선은 자책감이다. 미해결과제라고도 하는 자책감으로 인해 내면의 막힌 것은 뚫어주고(E), 끊어진 것은 맺어주며(C), 잘못된 관계에서 풀어내는 것(S)이 핵심이다. 성서에서는 그리스도라는 직책이 '제사장', '선지자', '왕'을 포함하는 것으로 자책감에서의 해방, 영원한 지지자인 하나님과의 긴밀한 연결, 세상의 신인 비교/평가/경쟁으로 자신을 잃어버린 잘못된 관계를 끊어내는 힘을 의미한다.

Emotion	Connect	Solve

ECS

---

14)　코칭식 컨설팅이라고 할 수 있는 퍼실리테이터라는 직업이 있다. 본원의 한국퍼실리테이터협회 인증 과정인 『공동체개발 ISP(Issue Solving Process)』 교재에서 인용하였다.

(3) SWOT : TOWS는 조직이나 공동체의 내부적인 요인인 강점(Strength), 약점(Weakness), 외부적인 요인인 기회(Opportunity), 위협(Threat)의 첫 글자로, 또는 역으로 이루어진 도구이다. SWOT은 분석하는 질문으로, 이를 역순으로 한 TOWS는 대안을 찾는 질문으로 활용할 수 있다.

	Opportunity	Threat
Strength	SO일 때	ST일 때
Weakness	WO일 때	WT일 때

SWOT - TOWS

3) 코칭세션 내에서의 활용 예시

   (1) 고객님께서 말씀하신 주제를 의미를 담아 정의를 내리시거나 은유로 표현해 주시겠어요(Equal)?

   (2) 고객님의 목표는 어떤 가치관이나 필요와 연결된 것인가요(Needs)?

   (3) 고객님께서 이 목표를 이루시는 과정에서 예상되는 장애물이나 어려움은 무엇일까요(Obstacle)?

   (4) 고객님께서 지금 가시는 길은 어떤 길인가요(Way)?

   (5) 고객님의 강점은 무엇인가요(Strength)?

   (6) 고객님의 약점이라고 생각되는 것은 무엇인가요(Weakness)?

   (7) 고객님의 환경과 상황에 있어서 기회라고 생각되는 것은 무엇인가요(Opportunity)?

   (8) 고객님이 맞닥뜨리시는 상황에서 위협이 느껴지는 것은 어떤 부분일까요(Threat)?

   (9) 고객님의 강점과 기회가 만난다면 어떤 대안이 보이시나요(SO)?

   (10) 고객님의 강점이 위협을 만날 때는 어떻게 풀어가실 생각이신가요(ST)?

   (11) 고객님의 이런 약점이 있다고 생각하심에도 불구하고 기회를 만난다고 가정하면 어떤 생각이 떠오르시나요(WO)?

   (12) 고객님의 이런 약점이 있다고 생각하시는 상황에서 위협까지 만난다면 어떤 길로 나아가시겠어요(WT)?

   (13) 고객님의 현재 감정을 넘어서려면 무엇이 필요하실까요(Emotion)?

   (14) 고객님의 목표를 위해 어떤 연결이 필요하실까요(Connect)?

   (15) 고객님이 풀어갈 해결책을 위해 어떤 나아갈 방향을 말씀해주시겠어요(Solve)?

실습 26(30분)

1) 두 사람이 짝을 지어 코칭을 20분간 진행한다.

2) 적극 경청하면서 의식을 확장시키고, 관점을 전환시키며, ECS라는 질문 프레임을 활용하여 코칭한다.

3) 고객이 어떤 부정적인 감정 표현이 있는지 경청하여 감정 단어를 놓치지 않고 공감하며, 넘어설 수 있는 감정을 나눈다.

4) 고객의 의식 확장을 위해 전략적인 연결점을 찾도록 안내한다.

5) 고객이 스스로 자유를 찾아 나아가면서 자신의 목표를 풀어가도록 질문한다.

6) ECS질문은 언뜻 보기에 문제해결 프레임으로 보이지만 인간 내면 깊은 곳에 자리 잡고 있는 영성의 원리에 근거한 것이다. 부정적인 감정 단어는 코끼리가 어릴 때 묶였던 밧줄에게서 성장한 후에도 자유롭지 못한 것처럼 어릴 때 들은 말이 부정적 신념이 된 경우 이를 먼저 해결할 필요가 있다.

7) 피라미드 구조의 꼭대기에 서있는 리더는 혼자 해결해야 한다는 강박감에 누구와도 나누지 못하는 문제가 산적해 있다. 누군가와 연결을 돕는 것은 큰 의식 확장과 관점 전환을 이룰 수 있다.

8) 종교는 물론이지만 종교를 넘어서도 다양한 측면에서 영성을 훈련하는 많은 서적이 나와 있으므로 깊은 내면에서 에너지를 끌어올려야 하는 코치에게 반드시 필요한 끊임없는 영적 수련을 권한다.

9) 심리와 영성의 경계선은 자책감이다. 내면의 막힌 것은 뚫어주고(E), 끊어진 것은 맺어주며(C), 잘못된 관계에서 풀어내는 것(S)이 핵심이다.

10) 질문 프레임은 코칭식으로 컨설팅을 하는 본원의 퍼실리테이터 양성 프로그램 [공동체개발ISP]에서 약 60~70가지의 질문 프레임을 소개한다.

4. 몸의 느낀 감각[15]

1) 개요
    (1) 시스템 사고에 기반한 것으로 시스템이란 서로를 의지하고 서로를 제한하며 서로에게 영향을 주는 요소들로 구성된 하나의 총체다.
    (2) 사람의 몸도 서로 다른 기관과 부위로 구성되어 독립적으로 기능을 발휘하면서도 서로에게 영향을 준다. 혈액이 잘 순환되지 않으면 눈이 보이지 않고 다리도 움직일 수 없으며, 다리의 움직임은 혈액을 심장으로 다시 펌프질하는 것과 같다.
    (3) 사람과 사람의 관계를 포함하여 모든 만물은 개별적으로 존재할 수 없으므로 세상에 시스템 아닌 것이 없다.
    (4) 고객의 이슈는 사람, 사물, 자원 등 보이는 이슈와 조직 내에서의 불문율과 그에 따른 양심, 숨겨진 역동, 숨겨진 충성심, 숨겨진 얽힘, 행동 패턴 등 보이지 않는 이슈가 존재한다.
    (5) 고객과 이해관계가 없는 중립적 대리인과 대리물을 활용하여 장(field)의 경계를 설정하고 대리인과 대리물을 배치하여 장에서 시스템적으로 느껴지는 감각을 장 밖에 있는 코치가 대리인과 대화하며 고객의 이슈를 풀어나간다.
    (6) 대리인의 느낀 감각을 통해 장소와 방향을 이동할 수 있고, 장 밖에 있는 고객은 시스템적으로 자신의 이슈를 통찰한다.
    (7) 대리인이 준비되지 않은 상황이 대부분인 일대일 코칭에서는 방향을 표시할 수 있는 컵이나 A4용지 등 대리물을 사용하게 된다.
    (8) 전통적 코칭을 1세대 코칭, 해결중심코칭이나 강점코칭 등 대화식 코칭을 2세대 코칭, 성찰중심의 코칭을 3세대 코칭으로 분류한다. 여기에는 강점코칭에서 발전한 내러티브코칭이나 시스템코칭이 포함된다.[16] KPC의 프로페셔널의 의미는 인증시험 합격만이 목표가 아니라 직업인의 의미를 포함한다. 다양한 기법과 도구를 유연성 있게 활용할 수 있어야 한다.

15)   홍삼열 외 공저, 『공동체 세우기 : 공동체의 변화와 성장을 위한 3세대 코칭』, 좋은땅, 2023.
16)   피터 호킨스 외, 최은주 역, 『시스템 코칭 - 개인을 넘어 가치로』, 한국코칭수퍼비전아카데미, 2021.

2) 진행순서

   (1) 고객의 이슈를 간략하게 듣고, 이슈 중에서 구성요소를 찾는다. 아래 그림은 구성요소의 예다. 이슈, 목표, 공동체, 구성원, 일 등이다.

   (2) 구성요소를 대리할 대리인을 위임한다.

   (3) 중립적인 대리인의 뒤에 서서 어깨에 손을 얹고 내면과 교류하며 장 내의 적당한 위치에 세운다.

   (4) 고객은 장 밖에서 지켜보게 한다.

   (5) 코치는 대리인들에게 다른 구성요소를 바라보며 느낀 감각을 질문한다.

   (6) 대리인이 변화의 필요를 감지하고 있으면 방향과 위치를 조정할 수 있도록 안내한다.

   (7) 대리인들의 안도감이 느껴지면 최종의 이미지로 확정하고 대리인에게 역할을 빠져나오게 한다.

   (8) 장 밖에 있던 고객에게 최종 이미지에 맞춰 대리인들이 서 있던 자리에 서게 해 볼 수도 있다.

   (9) 장 밖에 있던 고객이 통찰한 것을 질문한다.

  (10) 통찰에 근거하여 실행 계획을 세운다.

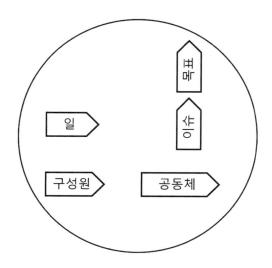

3) 공동체 세우기 사례

(1) 한국코치협회 자격유지보수교육 프로그램으로서의 공동체 세우기 워크숍을 진행할 때 참석한 수강생들로 팀이 구성되었다.

(2) 이 팀은 당일 만나서 이루어진 팀으로 수강생들은 모두 한국코치협회에 소속된 코치였다.

(3) 공동체 세우기 팀 코칭을 체험하기 위해 '코치로서의 비전' 문장을 만드는 것을 목표로 팀 코칭을 진행하였다.

(4) 세 개의 꼭짓점은 성공철학(형용사), 존재이유(명사), 행동강령(동사)으로 세팅하였다.

(5) 조별로 바닥에 세 장의 A4용지를 배치하고 5인의 수강생들이 그 공간을 천천히 걸어다니며 위치를 찾았다. 각각의 자리에서 진행코치가 질문한 후, 각자 원하는 위치로 다시 이동하였다.

(6) 각자의 자리에서 느낀 감각을 통해 떠오른 질문이 있다면 다른 위치의 수강생에게 질문하였고, 각자의 통찰을 가지고 장을 마무리하고 테이블에 모였다.

(7) 각자 떠오른 단어를 형용사, 명사, 동사로 세 가지씩 이야기하여 군집(grouping)하고, 손가락 투표로 가장 많은 표를 받은 단어를 하나씩 결정하였다. 함께 세 가지 단어로 문장을 만들어 비전 문장을 완성하고 각자 느낀 점을 나누었다.

(8) 팀원들은 처음 만났고 서로를 잘 모르는 사이지만 함께 수립한 비전 문장을 기쁨으로 받아들였다.

실습 27(30분)

1) 셀프 코칭 주제를 정한다.

2) A4용지에 이슈, 목표, 자원, 장애요인을 기록한다. 필요하면 추가로 구성요소를 더할 수 있다. 각각의 구성요소에 방향을 표시한다.

3) 공간과 장을 느끼는 시간을 가지거나 센터링한다.

4) 공간과 장을 느끼며 천천히 탐색하다가 '이 자리가 진짜다'라는 느낌이 오는 장소에 내려 놓는다.

5) 이와 같이 목표, 자원, 장애물, 기타 구성요소들도 자리를 찾는다.

6) 배치된 첫 이미지를 사진으로 남긴다.

7) 가장 먼저 이슈의 자리에 있는 A4용지에 서서 몸으로 느껴 보고, 목표, 장애물, 자원 각각의 자리에서 몸으로 느껴지는 감각을 나눈다.

8) 변화와 통찰이 있을 경우, 이동하여 배치하고 다시 감각한 후 새로운 구성요소가 필요하면 추가한다.

9) 편안하게 느껴질 때 장을 종료하고 최종 이미지를 사진으로 남긴다.

10) 처음 이미지와 최종 이미지를 비교하며 시사점을 정리한다.

11) 본원의 인증 20시간 역량프로그램인 "공동체 세우기"(ACPK01253)에서 다양한 이슈를 경험하며 훈련할 수 있다.

5. 핵심역량 분석

실습 28(60분)

1) 오프라인에서 진행할 때는 다른 조의 재생음이 들리지 않도록 간격을 두고 앉고, 줌에서는 조별로 소회의실에 배치한다.

2) 두 사람이 짝을 지어 준비해 온 녹취록을 보며 코칭 녹음파일을 듣는다.

3) 코칭대화 중에서 어떤 상황과 대화가 표16에 있는 '한국코치협회 핵심역량 의식 확장 주요항목'에 해당되는지 브레인스토밍한다.

4) 코칭대화 중에서 어떤 상황과 대화가 표17에 있는 '국제코칭연맹 PCC Markers 알아차림 불러일으키기'에 해당되는지 브레인스토밍한다.

5) 남은 수업인 "성장 지원 심화역량" 시간에 참여할 때도 전화나 줌에서 녹음한 코칭 녹음파일과 클로바노트 등 녹취를 지원하는 사이트를 활용하여 사전에 준비한 녹취록을 지참한다. 녹취록을 다운로드 받을 때는 스프레드시트 양식을 추천한다.

6) 한국코치협회 핵심역량이나 국제코칭연맹 PCC Markers는 가지고 다니면서 코칭상황과 연결하여 늘 묵상한다.

한국코치협회 핵심역량 의식 확장 주요항목

∨ 긍정적, 중립적 언어로 개방적 질문을 하였다.	■
∨ 고객의 상황과 특성에 따라 침묵(완급조절), 은유, 비유 등 다양한 기법을 활용하였다.	■
∨ 고객의 말에서 의미를 확장하거나 고객의 말을 구체화 또는 명료화하도록 도왔다.	■
∨ 고객이 알아차림이나 통찰을 하도록 도왔다.	■
∨ 고객이 관점을 전환하거나 재구성하도록 도왔다.	■
∨ 고객의 상황, 경험, 사고, 가치, 욕구, 신념, 정체성 등의 탐색을 통해 가능성 확대를 도왔다.	■

표16 KCA 역량 의식 확장 주요항목

국제코칭연맹 PCC Markers 알아차림 불러일으키기

7.1 : 코치는 고객의 현재 마인드셋, 느낌, 가치, 필요, 욕구, 신념 또는 행동과 같은 고객에 대해 질문하였다.	■
7.2 : 코치는 고객이 고객의 현재 생각이나 느낌을 넘어 자신의 상황에 대한 새롭거나 확장된 마인드셋이나 느낌(누구)을 탐색하는 데 도움이 되는 질문을 하였다.	■
7.3 : 코치는 고객이 고객의 현재 생각이나 느낌을 넘어 자신의 상황에 대한 새롭거나 확장된 마인드셋이나 느낌(무엇)을 탐색하는 데 도움이 되는 질문을 하였다.	■
7.4 : 코치는 고객이 원하는 결과를 향해 현재의 생각, 느낌 또는 행동을 넘어 탐색하는 데 도움이 되는 질문을 하였다.	■
7.5 : 코치는 관찰, 직관, 의견, 생각 또는 감정을 애착 없이 공유하고 구두 또는 어조의 초대를 통해 고객의 탐색을 초대하였다.	■
7.6 : 코치는 명확하고 직접적이며 주로 개방형 질문을 한 번에 하나씩 고객의 생각, 느낌 또는 성찰을 허용하는 속도로 하였다.	■
7.7 : 코치는 일반적으로 명확하고 간결한 언어를 사용하였다.	■
7.8 : 코치는 고객이 대부분의 말을 할 수 있도록 하였다.	■

표17 ICF PCC Markers 알아차림 불러일으키기

■ Wrap Up(활동 12 - 10분)

(1) 기억에 남는 것

(2) 재미있었던 것

(3) 의미 있었던 것

(4) 적용할 것

성장 지원(Empower)

- 고객이 코칭대화 속에서 알아차린 것과 통찰을 정체성과 통합하고, 그 알아차림을 근거로 실행계획을 세우도록 지원할 수 있다.

- 자율성과 책임 고취, 행동전환을 지원하고, 실행결과를 피드백하며 변화와 성장을 축하할 수 있다.

- 고객의 성장을 위해 세션과 세션 사이의 시간을 질문 프레임을 활용하여 성찰하고 정리하도록 지원할 수 있다.

M8. 성장 지원(Empower)

1. 성장 지원 역량

1) 중요성
   (1) 아무리 다양한 자원을 탐색하고, 알아차림이 일어났다 하더라도 실행하지 않으면 변화와 성장은 이루어질 수 없다.
   (2) 역량이란 KSA로 요약되는 지식(Knowledge), 기술(Skill), 태도(Attitude)로 구성된다. 지식과 기술을 가지고 있다고 하더라도(Having), 행동(Doing)하지 않으면 새로운 존재(Being)로 거듭날 수 없다.
   (3) 인간의 욕구나 평가기준이 다음의 세 단계를 거친다. 이렇게 깨달음의 차원으로 발전하는 것이 변화와 성장이며 코칭을 통해 이를 지원한다.
   ① 어떤 지식(무엇)을 가졌는가?
   ② 어떤 일(행동)을 하는 사람인가?
   ③ 어떤 존재(누구)인가?
   (4) 코칭은 최상의 가치를 추구하는 것이지만 눈에 보이는 성과가 목적이 될 필요는 없다. 가치와 비전 및 삶의 목적 등의 성장이 선행되면 목표와 관련된 성과는 자연스럽게 일어난다. 자신의 바운더리 내에서의 삶에서 인류를 위한 삶으로 성장하면 따라오는 성과는 비약적으로 성장하게 된다.

2) 코칭세션 내에서의 성장 지원 예시

   (1) 지금 우리 대화가 기대하는 방향으로 진행되고 있나요? 그럼 이 목표와 관련해서 대안탐색으로 들어가도 괜찮을까요?

   (2) 코칭하시면서 목표와 관련해서 새롭게 인식된 것이 있다면 무엇인가요?

   (3) 그 알아차림을 통해 자신에 대하여 알아차린 것을 무엇인가요?

   (4) 알아차린 것을 바탕으로 새롭게 무엇을 시도해 보실 수 있을까요?

   (5) 오늘 스스로 배우신 것을 통해서 무엇을 새롭게 해보고 싶은가요?

   (6) 이 목표와 관련해서 존경하는 분을 떠올리신다면 그분은 무엇을 권하실 것 같으세요?

   (7) 지금 고객님 주변에서 눈에 띄는 물건 하나 말씀해주시겠어요? 그 물건이 고객님에게 뭐라고 하나요?

   (8) 이 중에 가장 중요하고 시급한 것은 무엇인가요? 언제부터 하시겠어요?

   (9) 실행하는 것을 누구에게 이야기하면 실행력이 높아질까요?

   (10) 이런 실행계획을 위해서 고객님이 해야 할 첫 스텝은 무엇인가요?

   (11) 이 계획을 실행하는 데 장애요인이 있다면 무엇이 예상되시나요?

   (12) 그것을 어떻게 극복하시겠습니까?

   (13) 지금까지 말씀하신 내용들을 잘 실천하고 있다는 것을 스스로 어떻게 점검해보실 계획인가요?

   (14) 오늘 코칭대화는 어떠셨나요?

   (15) 새로운 관점을 가지게 된 것을 축하드립니다.

   (16) 성취하셨다니 정말 기쁘시겠어요?

   (17) 혹시 더 하시고 싶은 말씀이 있으신가요?

   (18) 이상으로 코칭을 마쳐도 될까요?

실습 29(30분)

1) 두 사람이 짝을 지어 코칭을 30분간 진행한다.

2) 적극 경청하면서 의식을 확장시키고, 앞의 예시를 참조하여 성장 지원에 초점을 맞춰서 코칭한다.

3) 고객은 목표에 대한 알아차림과 자신에 대한 알아차림을 통해 어떻게 성장할 수 있었는지 공유한다.

4) 코치도 자신의 성장을 위한 다짐을 이야기한다.

5) 코칭세션을 통해 고객이 지식(Having), 행동(Doing), 존재(Being) 단계를 거쳐 성장하게 되는 과정을 브레인스토밍한다.

6) 실기시험 시간은 KAC 응시자는 20분이었지만, KPC 응시자는 30분, KSC와 국제코칭연맹의 PCC 응시자는 40분이다. 응시할 실기시험 시간에 맞춰 타이머를 사용하여 훈련할 것을 추천한다.

2. 세션과 세션 사이

1) 만다라트[17]

  (1) 개요

    - Mandalart는 Manda+La(목표달성) Art(기술)를 합한 것으로 '목표를 달성하는 기술'이라는 뜻을 가진 도구다. 큰 목표를 8개의 작은 목표로 먼저 나누고 작은 목표 각각에 해당하는 실행계획을 8가지씩 세운다.

자체노력으로 가능한 방법	캠프 참여 (지원금)	예산 짜기	리플렛 제작	블로그	홈페이지 만들기	자신이 속한 지역 협의회 참석	협동조합 협의회 참석	찾아가는 무료 강의
기존 수첩 스티커 사용	홍보비용	강사비에서 각자 지출	재교육 위한 메일/문자발송	홍보방법	단체장 초빙 식사	혁신파크 내 몇 그룹 만나기	인적홍보	영역 나누기 (회의/직접/혁신 등)
지원 사업 따내기	인맥 활용 스폰서구하기	저비용 홍보방안 구체적 논의	명함 활용	지역 케이블 방송	페이스북 활용	모임/회의에 적극 참여	인맥 활용	개인 인프라 활용(교회/동아리/밴드)
코칭	숙련된 전문성	많은 강사 경험	홍보비용	홍보방법	인적홍보	팀 조직 (팀장 선출)	적성검사 (홍보역량)	2인 1조로 연구하기
갈등해결교육	강점 찾기	좋은 인성과 협동심	강점 찾기	홍보방안	홍보팀 만들기	홍보인식 나눔	홍보팀 만들기	모든 사람이 참여
소통교육	좋은 강사로 끊임없는 노력과 공부	참여형 수업	구체적인 프로그램	홍보대상 명확화	이미지 메이킹	홍보팀에 주는 특혜	상반기 하반기	사다리
학부모 교육	학교폭력 예방교육	소통과 협력	자활센터	다문화 가정	초등학교 지역아동센터 학부모	활동중 행복 연습	관계능력 향상	함께 하며 시너지 효과 얻기
진로교육	구체적인 프로그램	갈등해결 대화법	학교 전환기	홍보대상 명확화	사회적 기업가 육성팀	상호작용으로 정서적 안정	이미지 메이킹	사회공헌 나눔
중년부부 정서중심	프로세스 코칭	내 생애 최고의 해	교회 예비 신혼부부	관공서	50+ 센터	가르치지 않고 스스로 배운다	3H 마케팅 (Harmony/Half/Happy)	양성 평등

---

17) 일본의 디자이너 이마이즈미 히로아키가 개발한 발상 도구다. '목적을 달성한다(manda+la)'와 '목적을 달성하는 기술 (mandal+art)'을 합친 것이다.

(2) 활용방법

 - 가로 세로 3칸씩을 한 그룹으로 하여 9그룹으로 구분된다.
 - 정 가운데 있는 목표를 두른 8칸은 카테고리를 적어넣는다.
 - 8개의 카테고리를 각각의 그룹의 중앙에 옮겨 적는다.
 - 각각의 카테고리와 관련한 관점들을 8개씩 기록한다.
 - 모조전지에 작업할 경우 9칸을 그린 A4용지 9장을 배치한다.

(3) 코칭세션 내에서의 성장 지원 예시

 - 고객님이 가진 계획들을 카테고리별로 이 표에 적어보시겠어요?
 - 지금 기록하신 것을 카테고리로 하여 좀 더 세부적인 계획들을 찾아보시겠어요?
 - 다음 세션까지 고객님께서 해내신 성과들을 8가지 카테고리로 체계화해서 채
   워오시겠어요?

실습 30(20분)

1) 세 사람씩 한 조를 이룬다.
2) 한 사람이 고객이 되어 코칭 목표를 공유한다.
3) 목표와 관련한 카테고리 9개를 브레인스토밍해서 기록한다.
4) 한 사람이 3개의 카테고리를 담당하여 각 카테고리마다 8개의 실행 계획을 작성한다.
5) 만다라트를 활용하는 방법을 브레인스토밍한다.
6) 검색 사이트를 통해 만다라트를 검색하여 이 도구를 통해 다양한 실행 계획을 세운 자료
   들을 찾아보며 아이디어를 얻는다.

---

2) 마인드맵[18]

  (1) 개요
    - 창의력과 아이디어를 극대화하는 도구로 주제를 중심으로 생각을 가지치기하며 시각화하는 도구다.

  (2) 활용방법
    - 생각의 가지가 단계를 오르내리고 자유롭게 이동하면서 새로운 조합을 만들어 낸다.
    - 개인적으로는 노트를 정리할 때는 Mind Meister, Think Wise, 알마인드, Knowledge Base Builder 등 웹이나 컴퓨터 프로그램에서 많이 활용된다.
    - 전지를 활용할 때는 컬러 펜으로 그리는 것이 살아있는 듯 아름답고 효과적이지만 자유로운 조합을 위해 생각의 위치를 이동하려면 접착메모지와의 혼용이 필요할 수도 있다.
    - 프로젝트 기획이나 워크숍의 결과물을 정리할 때도 유용하다.
    - 이동이 필요한 Make와 이동이 불필요한 Take 두 가지 용도가 있다.

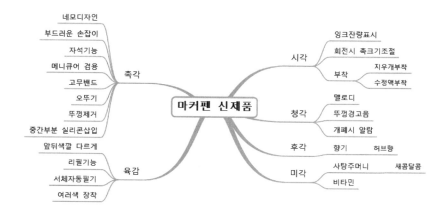

---

18) 영국의 전직 언론인 토니 부잔이 주장한 이론이다.

(3) 코칭세션 내에서의 만다라트 예시

    - 고객님이 가진 계획들을 카테고리별로 이 표에 적어보시겠어요?

    - 지금 기록하신 것을 카테고리로 하여 좀 더 세부적인 계획들을 찾아보시겠어요?

    - 처음에 기록할 때와 달리 카테고리를 옮겨야겠다고 여겨지는 것은 무엇인가요?

    - 다음 세션까지 고객님께서 해내신 성과들을 카테고리로 체계화해서 채워오시 겠어요?

실습 31(20분)

1) 세 사람씩 한 조를 이룬다.

2) 한 사람이 고객이 되어 코칭 목표를 공유한다.

3) 목표와 관련한 카테고리를 브레인스토밍해서 기록한다.

4) 세 사람이 카테고리를 나누어 담당하고 각 카테고리마다 실행 계획들을 작성한다.

5) 마인드맵을 활용하는 방법을 브레인스토밍한다.

6) 검색 사이트를 통해 마인드맵을 검색하여 이 도구를 통해 다양한 실행 계획을 세운 자료 들을 찾아보며 아이디어를 얻는다.

3. 핵심역량 분석

한국코치협회 핵심역량 성장 지원 주요항목

∨ 고객의 학습과 통찰을 자신의 가치관 및 정체성과 통합하도록 지원하였다.	■
∨ 고객이 행동 설계와 실행을 자율적이고 주도적으로 하도록 고취하였다.	■
∨ 고객이 실행 계획을 실천하도록 점검 또는 후원 환경을 만들었다.	■

표18 KCA 역량 성장 지원 주요항목

국제코칭연맹 PCC Markers 고객 성장 촉진

8.1 : 코치는 고객이 이 세션에서 달성하고 자 하는 것을 향한 진행 상황을 탐색 하도록 초대하거나 허용하였다.	■
8.2 : 코치는 이 세션에서 자신(누구)에 대 한 고객의 학습을 진술하거나 탐색하 도록 고객을 초대하였다.	■
8.3 : 코치는 이 세션에서 고객의 상황(무 엇)에 대한 고객의 학습을 진술하거 나 탐색하도록 고객을 초대하였다.	■
8.4 : 코치는 고객이 이 코칭세션에서 새로 운 학습을 어떻게 사용할 것인지 고 려하도록 초대하였다.	■
8.5 : 코치는 고객과 협력하여 세션 후 사 고, 성찰 또는 행동을 설계하였다.	■
8.6 : 코치는 고객과 협력하여 자원, 지원 또는 잠재적 장벽을 포함하여 앞으로 나아가는 방법을 고려하였다.	■
8.7 : 코치는 고객과 협력하여 자신을 위한 최선의 책임 방법을 설계하였다.	■
8.8 : 코치는 고객의 발전과 학습을 축하하 였다.	■
8.9 : 코치는 이 세션을 완료하는 방법에 대해 고객과 협력하였다.	■

표19 ICF PCC Markers 고객 성장 촉진

■ Wrap Up(활동 13 - 10분)

(1) 기억에 남는 것

(2) 재미있었던 것

(3) 의미 있었던 것

(4) 적용할 것

4. 텔레 코칭 클래스 - 코칭 사례와 역량

실습 33(90분)

1) 심화 과정을 시작하면서 지금까지 학습했던 기초 과정 중에 행동지표를 중심으로 복습하기 위한 실습이다.

2) 두 사람씩 짝이 되어 의논하면서 25분간 다음 작업을 한다.

3) 다음 페이지부터 시작되는 코칭 녹취록은 저자가 코치가 되어 약 30분 남짓 진행한 것이다.

4) 읽어보면서 코치의 이야기가 (사)한국코치협회 핵심역량의 주요항목 중에 어느 곳에 해당되는지 찾아 표20에 코치의 이야기를 기록해본다.

5) 인상 깊었던 문장들을 10분간 나눈다.

6) 이번에는 코칭 녹취록을 읽어보면서 25분간 코치의 이야기가 국제코치연맹 PCC Markers 중에 어느 항목에 해당되는지 찾아 표21에 기록해본다.

7) 심화 역량을 학습하는 동안 각자가 코칭을 훈련한 녹취록을 가지고 행동지표나 Markers의 항목을 연결하는 작업을 몇 번 진행할 것이다.

8) 학습자들끼리 조를 짜서 코칭 훈련하는 것을 추천한다.

9) 그러나 학습자들 외에 실제로 다양한 지인들과 코칭을 하는 것을 권한다. KPC 응시를 위해 준비해야 하는 코칭 200시간을 지인들과 함께 채우다 보면 유료 코칭 고객을 만나게 될 것이라는 의미이기도 하다.

코치	안녕하세요 ○ ○ ○ 코치입니다.
고객	네, 안녕하세요.
코치	오늘 어떻게 불러드리면 편하시겠어요?
고객	네, 저는 고객이라고 불러주시면 편할 것 같습니다.
코치	네, 고객님~ '고객님'이라고 불러드리겠습니다. 저는 한국코치협회 인증 수퍼바이저 코치(KSC), 국제코칭연맹 인증 전문코치(PCC)로서 비밀을 지켜드리는 것은 물론 윤리적 법률적 의무를 준수하고 실천할 것을 약속드리겠습니다. 그리고 허락해 주신다면 오늘 코칭 내용을 녹취해서 코칭 훈련교재에 게재하려고 하는데 괜찮으실까요?
고객	아~ 네.
코치	네. 감사합니다. 고객님 이제 새해가 밝았는데 한 해가 시작될 때 생각나시는 어떤 사건이 있으시면 하나 나눠주시겠어요?
고객	네 제가 크리스천으로서 이렇게 새해가 바뀔 때 교회에서 항상 송구영신예배를 드리는데요. 작년에는 온라인으로 드렸었는데 올해는 현장에서 오프라인으로 드리게 되니까 그 감격과 그때의 예배 광경이 제일 먼저 떠오르네요.
코치	네. 그때 예배 감격이라고 말씀하셨는데 어떤 감격이 이어지셨어요?
고객	몇 년 동안 코로나로 팬데믹 상황이었다가 오랜만에 교회에서 그렇게 많은 사람들이 모여서 예배드리니까 사람들의 표정이나 예배하는 모습, 찬양 소리, 이런 공동체로서 함께 하는 것이 굉장한 감격으로 더 다가왔던 것 같아요.
코치	그러셨을 것 같네요. 그러면 그 감격이라는 기분을 오늘 이 시간에 담아서 코칭을 해도 될까요?
고객	네.
코치	그럼 오늘 어떤 주제로 이야기를 나누시면 좋으시겠어요?
고객	네. 제가 오늘 코치님하고 나누고 싶은 것은 제가 어떤 일을 처음에 시작할 때 굉장히 낯설게 느껴지다 보니까 용기를 내기가 어려운 거예요. 그런데 심호흡을 하면서 준비하기도 하고 또는 미루기도 하는 용기 없는 제 모습을 보면 이게 뭔가 싶은, 처음 시작할 때 힘이 많이 들어가는 제 모습 때문에 고민이 되는데요. 처음에 너무 힘 안 들이고 용기 있게 '탁탁' 해 나갈 수 있으면 얼마나 좋을까 이런 고민이 항상 있거든요. 그래서 오늘 왜 이렇게 처음에 뭔가 시작할 때 이렇게 낯설고 힘이 많이 들어가는지, 왜 이렇게 큰 용기가 필요한지 그런 부분에 대해서 좀 나누고 싶어요.

코치	좀 더 자세히 말씀해 주시겠어요?
고객	제가 지금 강의도 하는데요. 특히 강의할 때가 생각나요. 제가 처음에는 너무 강의를 하고 싶었고 제가 누군가에게 뭔가 가르치는 걸 너무 좋아해서 너무 하고 싶었는데 계속 미뤘어요. 왜냐하면 이렇게 낯설고 뭔가 처음에 할 때 너무 두려워서 계속 미뤘는데 이제 주위에서도 '할 수 있다'고 격려해주시고, 엄청 용기를 주시면서 '같이 하자' 해서 강의를 하긴 했거든요. 그런데 첫 강의 때 얼마나 떨었나 그때 응원차 같이 들어왔던 그 참여자가 끝나고 나서 그 얘기를 하더라구요. 너무 긴장하는 모습을 보니까 자기가 너무 긴장이 됐다는 거예요. 그 정도로 너무 떨었던 기억이 있어요. 물론 지금은 '아니, 그때는 왜 그랬나?' 지금 생각해 보면 제가 봐도 그 정도까지는 아닌데 왜 그랬나 할 정도로 이제는 익숙해졌는데 그때 처음은 너무 힘들어서~ 꼭 그것뿐만 아니라 다른 걸 보니까 다른 것도 뭔가 이렇게 처음 할 때는 제가 좀 그런 것이 있어서요~
코치	처음 얘기도 하시면서 '그때는 왜 그랬나?' 그런 말씀을 하셨는데 그러면 지금은 많이 해결되기도 하셨을 것 같은데 그럼에도 불구하고 오늘 이 주제를 꺼내신다고 하는 데는 어떤 중요성이 있는 걸까요?
고객	그런 경험들이 이제 반복되다 보니까 뭔가 처음에 하려고 하면 그 때의 그 경험 때문에 또 그 과정을 겪어야 되나 이런 생각이 드는 거예요. 그러니까 이렇게 주변을 봐도 그렇고 물론 그 사람들도 그렇게 어려운 점이 있겠지만 어떤 사람들을 보면 '뭔가를 해야겠어' 하면 바로 착착 진행이 되는 걸 보면 부럽기도 하고 난 언제쯤 저렇게 될까 나도 이제는 경험치들도 생겼으니 그런 속도감이 더 붙었으면 좋겠다 싶었는데 여전히 그런 시간이 필요한 사람인지라 그걸 좀 어떻게 하면 그 갭이라 할까요? 그 두려움이라 할까요? 그런 걸 좀 줄이고 싶은, 그래서 좀 하고 싶은 새로운 일을 저도 착착 해 내고 싶어서 중요하다고 하면 이유를 그렇게 말씀드리고 싶어요.
코치	두려움도 좀 있으셨다는 뜻이네요. 그런 두려움을 걷어내고 이제 용기 있게 하셔야 되겠다 하는 그런 기대감을 다시 한번 설명을 좀 해 주시겠어요.
고객	기대감은 제가 만일에 어떤 것을 또 시작한다고 했을 때 '뭐 까짓 것, 이제는 좀 용기 있게 해 보자. 야~ 그거 이제 너도 몇 번 해 보니까 나중에 내가 왜 그렇게까지 했을까? 이렇게 나중에 생각하듯 이거 별거 아니야, 할 만해' 하고 말할 것 같아요.

코치	'까짓 것' 막 이러면서 지금 말씀하시는데 보니까 말씀의 속도도 빨라지고 톤도 올라가시고 그러시네요.
고객	그러니까요. 그렇게 됐으면 정말 좋겠네요.
코치	네. 저도 응원드립니다. 오늘 코칭을 통해서 그럼 어떤 결과를 얻으면 만족하시겠어요?
고객	제가 아까 얘기한 것처럼 새로운 일을 하게 될 때 '까짓 것, 이거 할 만해 할 수 있겠어' 하고 제가 또 낯설어서 뒤로 미루거나 두려워하지 않고 '할 수 있을 것 같아' 라고 그냥 '까짓 것' 하면서 '정말 해 보자' 이렇게 힘을 바로 얻을 수 있는 것, 그렇게 되면 좋을 것 같아요.
코치	네. 그러면 제가 10점 척도로 질문을 좀 드려 보겠습니다. 그럼 현재 상태는 몇 점 정도로 말씀해 주실 수 있을까요?
고객	현재는 그래도 낯설고 그렇긴 해도 하긴 하거든요. 결국 그래서 하긴 하니까 4점?
코치	4점의 의미도 말씀해 주셨는데 '하기는 한다'군요. 그럼 오늘 코칭을 통해서 기대하시는 점수는 어느 정도 될까요?
고객	기대하는 점수는 아까 얘기한 '뭐 까짓 것 한번 해 보자'라고 하는 정도면 저는 점수를 8점 줄 수 있을 것 같아요.
코치	네. 그럼 8점이라는 것을 어떻게 알 수 있을까요?
고객	이것은 어떻게 알 수 있을까요. 진짜 제가 오늘 문구로 뭔가 장착을 하게 되면 알 것 같아요.
코치	문구로 뭔가 장착을 하신다는 말씀을 하셨는데 오늘의 주제와 어떤 연결이 될까요?
고객	제가 뭔가 낯설고 처음 하는 것에 대해서 아까는 좀 두렵고 또 뭔가 미루고 싶고 이랬지만 만일에 이렇게 하게 되면 제가 미루지도 않고 조금 더 적극적으로 바뀔 것 같아요.
코치	네. 그러면 지금 말씀을 좀 나눠봤는데 오늘 코칭 대화의 목표를 간략하게 정리해 주시겠어요.
고객	네. '새로운 일을 적극적으로 할 수 있는 방법 찾기'로 해보겠습니다.
코치	'새로운 일을 적극적으로 할 수 있는 방법 찾기', 이것을 성취하기 위해서 먼저 다루어야 할 것은 뭐라고 생각하시나요?
고객	이것을 성취하기 위해서 다뤄야 할 것은 제 마음 안에 왜 그렇게 처음 새로운 일을 할 때는 뭐가 이렇게 낯설고 두려운지 제 마음을 좀 들여다보는 거 어려우려나요? 아무튼 제가 왜 그렇게 낯설고 두려워하는지를 좀 다루면 목표에 훨씬 더 성취의 가능성이 높을 것 같아요.

코치   네. 그러면 낯설고 두려운 마음에 대해 좀 다뤄야 한다는 말씀이군요. 제가 잘 이해했나요? 문구로 장착도 좀 하시고 그렇게 기대하는 점수가 되면 실제로 어떻게 될까요?

고객   그렇게 하게 되면 제가 갑자기 웃음이 나왔는데요. '다 덤벼' 이럴 것 같아요.

코치   '다 덤벼'. 그 웃음의 의미가 뭘까요?

고객   그러니까 저도 모르게 이 '어떻게 될까요?' 질문하시는 순간 '다 덤벼' 이 단어가~

코치   네. 벌써 그 얘기 하시면서 웃으시는 그 자신감 있는 모습 보니까 정말 놀랍습니다. 우리 고객님의 통찰력이 정말 부럽습니다.

고객   감사합니다.

코치   네. 그럼 현재 상태를 은유로 표현해 봤으면 좋겠는데 가능하실까요?

고객   지금 현재는 제가 아까 '하긴 한다'라고 이렇게 제가 얘기를 했잖아요. 그러다 보니까 뭔가 자전거 기어로 얘기하면 이제 만일에 한 5단이 제일 빠른 거라고 하면 저는 지금쯤 한 2단에서 막 3단, 4단으로 올릴 수 있는 힘을 받은 이렇게 이제 힘을 내고 싶은 이런 표현이 생각이 났는데요.

코치   힘을 내서 지금 어떤 길을 가실까요?

고객   상상해 봤을 때 기어를 바꾸고 힘을 내서 정말 제가 한 번도 경험해보지 않은 낯선 이제 1번 출구, 2번 출구, 3번 출구 같은 그런 느낌이 드는데요.
거기 가면 다 낯선 일들이 있어요. 그런데 제가 있잖아요. 그런데 기어를 넣어서 힘을 내서 내가 다 낯선데 이 중에 어떤 낯선 것을, 새로운 일을 한번 해 볼까 하고 가고 있는 상태~

코치   출구가 여러 개가 있군요. 네, 지금 그런 말씀 나누시면서 어떤 여운이 좀 남으세요?

고객   제가 그러니까 좀 마음을 들여다보면 좋겠다 했는데, 오히려 실상 제가 지금 힘을 받아서 그런지 아니면 내 마음에 이미 그렇게까지 표면적으로 드러난 것보단 내 마음 가운데서는 그렇게 이것을 두려워하거나 힘들어하는 게 좀 낮다고 해야 되나요? 이런 마음 이야기를 하다 보니까 생각보다 많지 않다는 생각이 드네요.

코치   네. 그렇게 벌써 몇 단 기어가 올라간 그런 상황, 그런 중요성을 가지고 성취하고자 하는 그런 고객님은 어떤 분이신가요?

고객   예를 들어서 이게 의미가 있는 일이라면 제가 '하긴 한다'라고 아까 표현했을 때도 하긴 하는 모든 일들을 보면 의미가 있는 일에 더 그렇게 쏟았던 것 같아요. 그러다 보니까 저는 의미 있는 일이라면 해내는 사람 뭐 이렇게 얘기하고 싶네요.

코치　의미가 있는 일이면 해내는 사람, 말씀하시는 동안에 막 힘이 느껴지는데 그 의미가 뭔지 좀 더 궁금해졌어요.

고객　저에게 이 의미는 저희 남편이 우스갯소리로 그래요. '아이고, 또 의미부여하네' 이렇게 얘기하거든요. 제가 삶의 모든 부분, 부분을 좀 의미부여를 하는 성격이긴 해요. 그런데 저에게 그 의미는 이게 '값지다'라고 표현이 되는데 제가 인생의 삶의 목적이나 이런 것들 또 사람을 도와주거나 누군가를 세워주거나 영향력을 끼칠 수 있는 거나 아무튼 모든 그런 것에 다 의미를 부여하는 부분이라고 할 수 있을 것 같아요. 그래서 좋은 영화 한 편을 본다거나 그러면 거기다가 더 의미부여를 하고 거기에 어떤 한 장면을 보고 '저 대사는 내 거야' 이러면서 의미부여를 하거나 그런 삶의 스타일이라고 할까요? 그러다 보니까 의미가 좀 광범위하지만 그렇게 표현하고 싶네요.

코치　'저 대사는 내 거야' 그랬을 때 아주 웃음꽃이 활짝 피시고 또 말씀의 힘이 느껴지네요. 지금 그런 자신감 있는 모습이 이루어지기까지 어느 정도 기간이 걸릴 것 같으세요?

고객　네. 이 기간은 만일에 제가 또 새로운 일을 만나보면 더 알 수도 있겠지만 그래도 예상되는 기간은 제가 아까 기어도 그렇고 '다 덤벼' 이런 말도 쓰고 이렇게 봤을 때 길지는 않겠구나 이런 생각이 드는데요. 제가 만일에 그 전에 뭔가 어떤 새로운 일을 할 때 두렵거나 힘들었던 마음이 시작하기까지 예를 들어서 한 달이 걸렸다면 지금 이 상태에서 다시 정하는 저에게 기간은 한 보름으로 줄지 않을까 이런 마음이 듭니다.

코치　한 달에서 15일로 절반을 줄이셨는데 축하드립니다. 그렇게 말씀하시고 나니 지금 어떤 기분이신가요?

고객　근데 갑자기 더 줄이고 싶다 이런 마음?

코치　더 줄이고 싶다? 네, 응원드립니다. 멋지시네요. 그렇게 더 줄이고 싶은 그 고객님 이미 줄어서 자신감 있게 된 그런 상태의 고객님께서 길어야 이제 15일 후에 나타날 그 고객님께서 현재 고객님한테는 어떤 말을 좀 해주시고 싶으세요?

고객　'그거 별거 아니야. 너 지금 벌써 이렇게 지금 잠깐으로도 보름으로 준 거 보면 네가 그것도 보름 안에서 겪는 그 한 번의 경험이 일주일로 줄어들 수 있고, 일주일에 경험한 것이 또 한 3~4일로 줄고, 이제는 경험치에 의해서 오히려 그 기간이 빠른 속도로 줄어갈 것 같아'라고 얘기하네요.

코치　네. 지금 우리 대화가 기대하는 방향으로 잘 진행되고 있나요?

고객　네.

코치　그러면 오늘 '새로운 일을 적극적으로 할 수 있는 방법 찾기'라는 목표를 가지고 이야기하고 있는데, 이 목표와 관련해서 대안 탐색으로 들어가도 괜찮을까요?

고객　네.

코치	그러면 오늘 대화하시면서 이 주제 관련해서나 또는 우리 고객님 자신에 대해서 새롭게 인식된 알아차림이 있다면 뭐가 있으실까요?
고객	네. 제가 아까 제 마음을 들여다보게 되니까 제가 생각하는 것보다 더 심각하거나 무겁거나 심하거나 그렇지 않고, 훨씬 더 내 마음에는 약간 더 강직하게 해낼 수 있는 어떤 그런 마음들이 오히려 밑바닥에 있음을 좀 더 발견하는 그런 시간이었습니다.
코치	네 그 강직에 대해서 좀 호기심이 생기네요.
고객	제가 가끔 저를 들여다볼 때 어느 면에서 있어서 약간 좀 강인함, 강직함 그것이 매번 드러나는 건 아니지만 그런 것들이 발휘될 때가 좀 있는 것 같아요. 그래서 지금도 '그래, 네 안에 강인함 그런 게 있었잖아'라고 좀 다시 그때 생각이 나면서 이 단어를 쓰게 되었네요.
코치	네. 그러면 지금 그렇게 알아차리신 것을 바탕으로 해서 뭔가 좀 새롭게 시도해 볼 수 있는 것, '새로운 일을 적극적으로 할 수 있는 방법 찾기'라는 목표를 가지고 이야기 나누고 있는데 어떤 걸 좀 새롭게 시도해 보실 수 있으실까요?
고객	저는 이렇게 뭔가 말한 것이 힘이 될 때가 있어요. 제가 제 입으로 '안 된다' 이런 것보다 '내가 할 수 있어' 아까 '다 덤벼' 이런 것처럼 이제 선포하듯 할 때 제가 훨씬 더 그것을 해낼 수 있는 힘이 좀 있는 걸 알거든요. 그러다 보니까 제가 말로 우선 새로운 일을 딱 맞닥뜨릴 때 적극적으로 할 수 있는 방법을 첫 번째는 말부터 적극적으로 하자 이렇게 하고 싶네요.
코치	말부터 적극적으로 하자. 이게 이제 첫 번째 문구를 하나 만들어 주신 것이고 아까도 말씀하시는 거 보니까 진짜 '까짓 것' 그러셨던가요? 그런 말씀 '다 덤벼' 그런 말씀 하셨는데 또 좀 더 새롭게 시도해 볼 수 있는 게 있으실까요?
고객	제가 이제 보면 주변 상황에 따라 새로운 일을 만나면 약간 다시 주춤하면서 또다시 저의 굴에 빠질 수 있는데 그렇게 정말 새로운 일들을 적극적으로 잘해내는 사람들을 좀 관찰하거나 이야기해 보거나 그들은 어떤 마음으로 이것들을 이렇게 잘해내는지에 대한 그런 연구처럼, 관찰처럼 만남을 하면 내가 또 내 한계에 머물지 않고 뛰어넘을 수 있는 도움이 되지 않을까 이런 생각이 들어서 적극적인 사람을 좀 관찰하는 것, 관찰이라고 표현을 해야겠네요. 적극적인 사람을 관찰하는 것을 두 번째로 하고 싶어요.
코치	적극적인 사람을 찾아서 관찰해야 되겠다. 아까는 우리 고객님 자신이 할 수 있는 언어에 대한 이야기를 하셨고, 지금은 다른 사람을 통해서 뭔가를 좀 학습해 보시겠다 그런 의미로 들리는데 맞나요?
고객	네.

코치   네. 이것 외에 또 좀 더 새로운 방법이 있으실까요? 시도해 볼 수 있는 새로운 것~

고객   이것은 제가 아까 마음과 연결되는 건데 제가 어떤 새로운 일을 딱 만났을 때, 해야 되는 상황일 때, 느껴지는 그런 저의 상태를 파악해 보고 약간 같은 패턴으로 나타나는 그런 행동이나 아니면 마음이나 이런 것들을 제가 파악해서 정리해보면 어떨까, 그러면 그 다음 또 새로운 일을 할 때 아까 보름에서 일주일, 일주일에서 또 줄어갈 때의 그걸 생각해 봤을 때 이게 연결된 건데요. 어떻게 해서 이것도 보름 만에, 어떻게 해서든 이건 일주일 만에, 계속해서 어떻게 해서 줄여갈 수 있었는지 이런 그 변화들을 좀 정리해 보면 어떨까 하는 생각이 듭니다.

코치   아까 이제 마음 들여다보겠다고 하는 말씀도 하셨고, 또 이제 한 달이 15일 됐던 것까지는 제가 들었는데 지금 말씀하시는 거 보니까 또 일주일까지 줄었네요.

고객   그러니까요. 이러다가~

코치   네. 일주일까지 줄었던 그 얘기를 하고 나시니까 지금은 마음이 어떠세요?

고객   제가 이제 말부터 적극적으로 하자, 이렇게 얘기한 것처럼 나중에 내가 이런 걸로 고민을 했어? 이럴 정도까지 가게 생겼는데요~

코치   네. 지금 이제 몇 가지 행동 설계 말씀을 해 주셨는데 어떤 건지 다시 한 번 정리해 주시겠어요?

고객   네. 제가 처음에는 이 언어의 힘을 좀 알기 때문에 내가 말부터 좀 적극적으로 하자, 이런 얘기 했구요. 그 다음에는 제 안에 갇히지 않고 다른 적극적인 사람을 통해서 좀 더 확장도 시키고 관찰을 통해서 도움도 되고 할 수 있는 두 번째는 다른 사람들 얘기 했구요. 조금 전에 마지막으로는 이렇게 변화되어진 어떤 상황 속에서 나의 마음이나 여러 가지들을 정리해보는 것까지 나눴습니다.

코치   혹시 이것 이외에 좀 더 시도해 볼 만한 것이 있으시면 말씀해 주시구요.

고객   우선은 이 세 가지로 좀 해보면 좋을 것 같습니다.

코치   그러면 그중에서 가장 중요하고 시급한 것 하나를 먼저 좀 뽑아 주신다면요.

고객   제가 우선 제 자신에게 이렇게 언어의 힘을 좀 빌리기 위해서 제 말부터 적극적으로 하는, 내가 '낯선 일만 만나거나 새로운 일 하면 나 또 어떡하지?' 이게 아니라 '할 수 있어. 충분해' 이렇게 좀 뭔가 말을 바꾸는 것부터 해보도록 하겠습니다.

코치   그 말 바꾸는 건 그러면 언제부터 하시겠어요?

고객   지금 코치님하고 이야기하면서부터 벌써 이렇게 힘이 나는 거 보니까 '정말 이 힘이 대단하구나' 이런 생각이 들면서 제가 좀 이런 상황이 될 때 바로 그냥 실천을 해야 될 것 같습니다.

코치 실천력이 대단하시네요. 바로 시작하신다고 하셨는데 그 말은 혼자 하시는 건가요? 누구한테 또 선포를 하시는 건가요?

고객 두 가지가 다 될 수도 있겠는데요. 제 생각이 이렇게 떠오를 때 '아니야, 할 수 있어'라고 저 스스로한테도 할 수 있을 것 같구요. 가까운 가족이든 타인에게도 이런 상황이 될 때 제가 이것을 기억해서 실천해야 될 것 같아요.

코치 그럼 혹시 이걸 하실 때 도움을 필요로 하는 부분이 있으실까요? 누구에겐가 도움을 청할 사람~

고객 도움을 청할 사람은 그래도 제가 말에 대해서는 지금 제가 코칭 끝나고 나서 남편에게 아예 미리 얘기를 해놔야겠어요. 제가 이런 것들을 되게 힘들어한다는 거 오늘 코칭 이야기 듣고 '내가 앞으로 이렇게 이렇게 해서 말을 적극적으로 할 거야. 한번 날 지켜봐줘' 이렇게 남편한테 먼저 이야기해야겠어요.

코치 그러면 이제 도움도 되지만 실행력이 또 배가 될 수 있는 방법이 또 되겠군요. 새로운 관점을 가지게 된 것을 축하드립니다. 벌써 성취가 다 된 것이 느껴지는데 이렇게 성취하셨다니까 정말 기쁘시겠습니다. 오늘 8점을 목표로 하시겠다고 했고, '문구로 장착하면 되겠다' 이런 말씀을 하셨는데 오늘 코칭대화는 어떠셨나요?

고객 네. 제가 진짜 8점 '까짓 것 해 보자 뭐 다 덤벼' 이런 뭔가 문구들이 나와서 더군다나 제일 먼저 하고 싶었던 것이 '말부터 적극적으로 하자'이기 때문에 만족합니다.

코치 네. 그럼 이 주제와 관련해서 혹시 더 하고 싶으신 말씀 있으신가요?

고객 네. 제가 특별히 이제 처음에는 너무 제가 낯선 것들에 대해서 '내가 이 주제를 진짜 언제까지 내놔야 되지'라고 생각을 했었는데 오늘 저 얘기하면서 그 부분이 제일 내 마음 깊은 곳에 있는 것을 표면에 드러난 것만큼 많은 낯섦과 어려움이 아니고, 충분히 할 수 있는 강직함과 강인함이 내 안에 있구나, 이런 부분이 조금 확인된 것 같아서 굉장히 소중한 시간이 되었습니다.

코치 네. 고객님의 가치가 고객님을 원하시는 그곳으로 이끌어주리라고 확신하고 응원드립니다.

고객 감사합니다.

코치 이상으로 그럼 코칭을 마쳐도 될까요?

고객 아, 네.

코치 감사합니다. 코칭 대화에 진지하게 참여해 주셔서 진심으로 감사드립니다.

고객 네, 수고 많으셨습니다.

한국코치협회 핵심역량 주요항목

∨ 비밀유지규정을 고지하였다.	■
∨ 고객에게 코칭시작과 코칭종료 동의를 얻었다.	■
∨ 코칭세션을 주어진 시간(25분~30분) 안에 마무리하였다.	■
∨ 전체 코칭세션을 자신감을 가지고 자연스럽게 운영하였다.	■
∨ 코칭 주제와 목표를 명료화하고 합의하였다.	■
∨ 코칭세션을 마무리하면서 코칭 성과를 확인하였다.	■
∨ 고객을 수평적인 관계로서 존재를 인정하며 대하였다.	■
∨ 고객에게 긍정반응, 인정, 칭찬, 지지, 격려, 신뢰 등의 언어를 상황에 맞게 사용하였다.	■
∨ 고객의 특성, 정체성, 스타일, 언어 패턴을 알아주고 적용하였다.	■
∨ 고객의 주제와 존재에 대해서 관심과 호기심을 보였다.	■
∨ 고객이 말한 것과 말하지 않은 것을 맥락적으로 헤아려 듣고 표현하였다.	■

표20 한국코치협회 핵심역량 주요항목

∨ 어조 높낮이, 속도 맞추기, 추임새 또는 맞장구 등을 하면서 경청하고, 고객의 이야기를 재진술, 요약하거나 직면하도록 도왔으며, 침묵(Space)을 활용하면서 경청하였다.	■
∨ 고객의 생각이나 감정, 의도나 욕구를 이해하며, 이해한 것을 고객에게 표현하였다.	■
∨ 고객이 자신의 생각, 감정, 의도, 욕구를 표현하도록 도왔다.	■
∨ 긍정적, 중립적 언어로 개방적 질문을 하였다.	■
∨ 고객의 상황과 특성에 따라 침묵(완급 조절), 은유, 비유 등 다양한 기법을 활용하였다.	■
∨ 고객의 말에서 의미를 확장하거나 고객의 말을 구체화 또는 명료화하도록 도왔다.	■
∨ 고객이 알아차림이나 통찰을 하도록 도왔다.	■
∨ 고객의 상황, 경험, 사고, 가치, 욕구, 신념, 정체성 등의 탐색을 통해 가능성 확대를 도왔다.	■
∨ 고객의 학습 통찰을 자신의 가치관 및 정체성과 통합하도록 지원하였다.	■
∨ 고객이 행동 설계와 실행을 자율적이고 주도적으로 하도록 고취하였다.	■
∨ 고객이 실행계획을 실천하도록 점검 또는 후원환경을 만들었다.	■

국제코칭연맹 PCC Markers

1 : ICF 윤리 강령에 부합하는 코칭을 입증하고 코치의 역할에서 일관성을 유지하였다.	■
2 : 개방적이고 호기심이 많으며 유연하고 고객 중심적인 코칭 마인드셋을 구현하였다.	■
3-1 : 코치는 고객과 협력하여 고객이 이 세션에서 달성하고자 하는 것을 식별하거나 재확인하였다.	■
3-2 : 코치는 고객과 협력하여 고객이 이 세션에서 달성하고자 하는 것에 대한 성공 척도를 정의하거나 재확인하였다.	■
3-3 : 코치는 이 세션에서 달성하고자 하는 것에 대해 고객에게 중요하거나 의미 있는 것이 무엇인지 문의하거나 탐구하였다.	■
3-4 : 코치는 고객과 협력하여 고객이 이 세션에서 달성하고자 하는 것을 달성하기 위해 해결해야 한다고 생각하는 것을 정의하였다.	■
4-1 : 코치는 코칭 과정에서 고객의 고유한 재능, 통찰력 및 노력을 인정하고 존중하였다.	■
4.2 : 코치는 고객에 대한 지원, 공감 또는 관심을 보여주었다.	■
4.3 : 코치는 고객의 감정, 인식, 우려, 신념 또는 제안의 표현을 인정하고 지원하였다.	■
4.4 : 코치는 고객이 코치의 기여에 어떤 식으로든 응답하도록 초대하여 고객과 파트너 관계를 맺고 고객의 응답을 수락하였다.	■

표21 국제코칭연맹 PCC Markers

5.1 : 코치는 고객의 전체 사람(누구)에 응답하여 행동하였다.	■
5.2 : 코치는 고객이 이 세션을 통해 달성하고자 하는 것(무엇)에 대한 응답으로 행동하였다.	■
5.3 : 코치는 고객이 이 세션에서 일어날 일을 선택할 수 있도록 지원함으로써 고객과 파트너 관계를 맺었다.	■
5.4 : 코치는 고객에 대해 더 많이 알고 싶어 하는 호기심을 보여주었다.	■
5.5 : 코치는 침묵, 일시 중지 또는 성찰을 허용하였다.	■
6.1 : 코치의 질문과 관찰은 코치가 고객이 누구인지 또는 고객의 상황에 대해 배운 것을 사용하여 맞춤화되었다.	■
6.2 : 코치는 고객이 사용하는 단어에 대해 문의하거나 탐색하였다.	■
6.3 : 코치는 고객의 감정에 대해 문의하거나 탐구하였다.	■
6.4 : 코치는 고객의 에너지 변화, 비언어적 단서 또는 기타 행동을 탐구하였다.	■
6.5 : 코치는 고객이 현재 자신이나 자신의 세계를 어떻게 인식하는지 묻거나 탐구하였다.	■

6.6 : 코치는 고객이 명시적인 코칭 목적이 없는 한 중단하지 않고 말하기를 완료할 수 있도록 하였다.	■
6.7 : 코치는 고객의 명확성과 이해를 보장하기 위해 고객이 전달한 내용을 간결하게 반영하거나 요약하였다.	■
7.1 : 코치는 고객의 현재 마인드셋, 느낌, 가치, 필요, 욕구, 신념 또는 행동과 같은 고객에 대해 질문하였다.	■
7.2 : 코치는 고객이 고객의 현재 생각이나 느낌을 넘어 자신의 상황에 대한 새롭거나 확장된 마인드셋이나 느낌(누구)을 탐색하는 데 도움이 되는 질문을 하였다.	■
7.3 : 코치는 고객이 고객의 현재 생각이나 느낌을 넘어 자신의 상황에 대한 새롭거나 확장된 마인드셋이나 느낌(무엇)을 탐색하는 데 도움이 되는 질문을 하였다.	■
7.4 : 코치는 고객이 원하는 결과를 향해 현재의 생각, 느낌 또는 행동을 넘어 탐색하는 데 도움이 되는 질문을 하였다.	■
7.5 : 코치는 관찰, 직관, 의견, 생각 또는 감정을 애착 없이 공유하고 구두 또는 어조의 초대를 통해 고객의 탐색을 초대하였다.	■
7.6 : 코치는 명확하고 직접적이며 주로 개방형 질문을 한 번에 하나씩 고객의 생각, 느낌 또는 성찰을 허용하는 속도로 하였다.	■
7.7 : 코치는 일반적으로 명확하고 간결한 언어를 사용하였다.	■
7.8 : 코치는 고객이 대부분의 말을 할 수 있도록 하였다.	■

8.1 : 코치는 고객이 이 세션에서 달성하고자 하는 것을 향한 진행 상황을 탐색하도록 초대하거나 허용하였다.	■
8.2 : 코치는 이 세션에서 자신(누구)에 대한 고객의 학습을 진술하거나 탐색하도록 고객을 초대하였다.	■
8.3 : 코치는 이 세션에서 고객의 상황(무엇)에 대한 고객의 학습을 진술하거나 탐색하도록 고객을 초대하였다.	■
8.4 : 코치는 고객이 이 코칭세션에서 새로운 학습을 어떻게 사용할 것인지 고려하도록 초대하였다.	■
8.5 : 코치는 고객과 협력하여 세션 후 사고, 성찰 또는 행동을 설계하였다.	■
8.6 : 코치는 고객과 협력하여 자원, 지원 또는 잠재적 장벽을 포함하여 앞으로 나아가는 방법을 고려하였다.	■
8.7 : 코치는 고객과 협력하여 자신을 위한 최선의 책임 방법을 설계하였다.	■
8.8 : 코치는 고객의 발전과 학습을 축하하였다.	■
8.9 : 코치는 이 세션을 완료하는 방법에 대해 고객과 협력하였다.	■

■ Wrap Up(활동 14 - 10분)

(1) 기억에 남는 것

(2) 재미있었던 것

(3) 의미 있었던 것

(4) 적용할 것

실습 34(90분)

1) 두 번째 텔레 코칭 클래스로 출석을 확인한다.

2) 근황을 이야기하며 아이스브레이킹 시간을 갖는다.

3) 세 사람씩 짝을 지어(화상전화 환경에서는 소회의실을 활용) 각각 코치, 고객, 관찰자 역할을 나눈다.

4) 코치와 고객은 20분간 코칭대화를 하고, 관찰자는 앞에 있는 양식을 참조하여 관찰자 노트에 기록한다.

5) 코칭세션이 끝나면 먼저 고객의 소감을 듣고, 코치의 셀프 피드백을 나눈 후, 관찰자의 피드백과 FT강사의 피드백 시간을 갖는다.

6) 역할을 바꾸어 고객이 코치가 되고, 관찰자가 고객이 된다. 코치는 관찰자가 된다.

7) 코치와 고객은 20분간 코칭대화를 하고, 관찰자는 앞에 있는 양식을 참조하여 관찰자 노트에 기록한다.

8) 코칭세션이 끝나면 먼저 고객의 소감을 듣고, 코치의 셀프 피드백을 나눈 후, 관찰자의 피드백과 FT강사의 피드백 시간을 갖는다.

9) 역할을 바꾸어 하지 않은 역할을 맡는다.

10) 코치와 고객은 20분간 코칭대화를 하고, 관찰자는 앞에 있는 양식을 참조하여 관찰자 노트에 기록한다.

11) 코칭세션이 끝나면 먼저 고객의 소감을 듣고, 코치의 셀프 피드백을 나눈 후, 관찰자의 피드백과 FT강사의 피드백 시간을 갖는다.

12) Wrap Up에 기억에 남는 것, 재미있었던 것, 의미 있었던 것, 적용할 것 순으로 공유한다.

■ Wrap Up(활동 15 - 10분)

(1) 기억에 남는 것

(2) 재미있었던 것

(3) 의미 있었던 것

(4) 적용할 것

M5. 관계 구축

1. 관계 구축 역량 : 코치와 고객의 관계는 수평적 관계, 신뢰로운 관계, 안전한 관계, 긍정적인 관계, 진솔한 관계, 호기심 어린 관계, 존재와 연결된 관계 등으로, 서로의 진가를 알아가고 소중한 존재임을 인정하게 될 때 고객은 믿고 털어놓을 수 있고 에너지가 올라가면서 창의가 발현될 수 있다.
2. 공감 지도 : 디자인 씽킹의 장표를 활용하여 듣기, 느끼기, 행동하기, 말하기, 보기 등의 욕구를 통찰하고 정의하는 도구를 활용하여 관계를 구축한다.
3. DISC 인간 행동 유형 : 진단 후 같은 형끼리 모여 조를 이루고 듣고 싶은 것과 듣고 싶지 않은 것을 브레인스토밍하여 발표한다.
4. 핵심역량 분석 : 코칭을 진행한 후 한국코치협회 관계 구축 역량과 국제코칭연맹의 신뢰와 안전감 조성 및 프레즌스 유지 역량의 어느 항목에 해당하는지 브레인스토밍한다.

M6. 적극 경청

1. 경청의 중요성 : 고객이 진정으로 원하는 것이 무엇인지 잘 들어야 강력한 질문으로 고객의 가능성과 잠재력을 끌어낼 수 있기에 무엇보다 중요하다.
2. 경청의 나침반 : 고객의 대화내용 중에서 긍정과 부정, 과거와 미래로 나눈 사분면을 통해 고객이 정말 원하는 긍정적인 미래에 귀를 기울인다.
3. 맥락적 이해 : 코칭세션에서 고객의 이슈는 관련된 환경을 포함한 맥락을 이해할 때 통찰을 불러일으킬 수 있다. 이해관계도나 수퍼비전에서의 맥락적 이해 등을 통한 시각화로 접근한다.
4. 핵심역량 분석 : 녹음한 코칭을 함께 듣고 한국코치협회 적극 경청 역량과 국제코칭연맹의 적극적인 경청 역량의 어느 항목에 해당하는지 브레인스토밍한다.

M7. 의식 확장

1. 의식 확장 역량 : 코칭은 고객이 스스로 답을 찾아가도록 지원하는 것이므로 코치가 지원할 수 있는 중요한 영역은 다른 관점을 볼 수 있도록 안내하는 일이다.

2. 직면 : 반복되는 언어패턴이나 불일치 등을 직면하도록 지원한다.

3. 질문 프레임 활용 : ENOW, ECS, SWOT-TOWS 등 질문 프레임을 이해하면 비즈니스 현장 경험이 없는 코치라 할지라도 리더십과 현장의 관계나 구조를 이해할 수 있어 전문코치로서의 역량을 향상시킬 수 있다.

4. 몸의 느낀 감각 : 오감을 총동원한 느낀 감각은 짧은 시간에 많은 알아차림과 통찰을 불러일으킨다.

5. 핵심역량 분석 : 녹음한 코칭을 함께 듣고 한국코치협회 의식 확장 역량과 국제코칭연맹의 알아차림 불러일으키기 역량의 어느 항목에 해당하는지 브레인스토밍한다.

M8. 성장 지원

1. 성장 지원 역량 : 아무리 다양한 자원을 탐색하고, 알아차림이 일어났다 하더라도 실행하지 않으면 변화와 성장은 이루어질 수 없다.

2. 세션과 세션 사이 : 만다라트나 마인드맵 등 도구를 활용하여 세션과 세션 사이에 시간을 필요로 하는 작업을 성찰하고 정리하도록 지원할 수 있다.

3. 핵심역량 분석 : 녹음한 코칭을 함께 듣고 한국코치협회 성장 지원 역량과 국제코칭연맹의 고객 성장 촉진 역량의 어느 항목에 해당하는지 브레인스토밍한다.

4. 텔레 코칭 클래스 : 코칭 샘플을 읽고 한국코치협회 코칭핵심역량과 국제코칭연맹 PCC 마커의 어느 항목에 해당하는지 브레인스토밍한 후, 조를 편성하여 실전 코칭을 훈련하고 피드백을 나눈다.

● **코치의 지속 성장을 위한 제언**

- KPC의 프로페셔널의 의미는 인증시험 합격만이 목표가 아니라 직업인의 의미를 포함한다. 다양한 기법과 도구를 유연성 있게 활용할 수 있어야 한다.

부록
(Appendix)

부록(Appendix)

- (사)한국코치협회 코칭역량

- ICF PCC Markers

(사)한국코치협회 코칭역량[19]

(1) 윤리 실천

    ① 정의 : (사)한국코치협회에서 규정한 기본윤리, 코칭에 대한 윤리, 직무에 대한 윤리, 고객에 대한 윤리를 준수하고 실천한다.

    ② 핵심요소

      - 기본윤리

      - 코칭에 대한 윤리

      - 직무에 대한 윤리

      - 고객에 대한 윤리

    ③ 행동지표

      - 코치는 기본윤리를 준수하고 실천한다.

      - 코치는 코칭에 대한 윤리를 준수하고 실천한다.

      - 코치는 직무에 대한 윤리를 준수하고 실천한다.

      - 코치는 고객에 대한 윤리를 준수하고 실천한다.

(2) 자기 인식

    ① 정의 : 현재 상황에 대한 민감성을 유지하고 직관 및 성찰과 자기평가를 통해 코치 자신의 존재감을 인식한다.

    ② 핵심요소

      - 상황 민감성 유지

      - 직관과 성찰

      - 자기 평가

      - 존재감 인식

    ③ 행동지표

      - 지금 여기의 생각, 감정, 욕구에 집중한다.

      - 생각, 감정, 욕구가 발생하는 배경과 이유를 감각적으로 알아차린다.

      - 직관과 성찰을 통해 자신의 생각, 감정, 욕구가 미치는 영향을 인식한다.

      - 자신의 특성, 강약점, 가정과 전제, 관점을 평가하고 수용한다.

      - 자신의 존재를 인식하고 신뢰한다.

---

19) (사)한국코치협회 홈페이지 http://www.kcoach.or.kr

(3) 자기 관리

　① 정의 : 신체적, 정신적, 정서적 안정 및 개방적, 긍정적, 중립적 태도를 유지하며 언행을 일치시킨다.

　② 핵심요소

　　- 신체적, 정신적, 정서적 안정

　　- 개방적, 긍정적, 중립적 태도

　　- 언행일치

　③ 행동지표

　　- 코치는 코칭을 시작하기 전에 신체적, 정신적, 정서적 안정을 유지한다.

　　- 코치는 다양한 코칭상황에서 침착하게 대처한다.

　　- 코치는 솔직하고 개방적인 태도를 유지한다.

　　- 코치는 긍정적인 태도를 유지한다.

　　- 코치는 고객의 기준과 패턴에 관한 판단을 유보하고 중립적인 태도를 유지한다.

　　- 코치는 말과 행동을 일치시킨다.

(4) 전문계발

　① 정의 : 코칭합의와 과정관리 및 성과관리를 하고 코칭에 필요한 관련 지식, 기술, 태도 등의 전문역량을 계발한다.

　② 핵심요소

　　- 코칭합의

　　- 과정관리

　　- 성과관리

　　- 전문역량 계발

　③ 행동지표

　　- 고객에게 코칭을 제안하고 협의한다.

　　- 고객과 코칭계약을 하고, 코칭동의와 코칭목표를 합의한다.

　　- 코칭과정 전체를 관리하고 이해관계자를 포함한 고객과 소통한다.

　　- 고객과 합의한 코칭주제와 목표에 대한 성과를 관리한다.

　　- 코칭에 필요한 관련지식, 기술, 태도 등의 전문역량을 계발한다.

(5) 관계 구축

　① 정의 : 고객과의 수평적 파트너십을 기반으로 신뢰감과 안전감을 형성하며 고객
　　의 존재를 인정하고 진솔함과 호기심을 유지한다.

　② 핵심요소

　　- 수평적 파트너십

　　- 신뢰감과 안전감

　　- 존재 인정

　　- 진솔함

　　- 호기심

　③ 행동지표

　　- 코치는 고객을 수평적인 관계로 인정하며 대한다.

　　- 고객과 라포를 형성하여 안전한 코칭환경을 유지한다.

　　- 고객에게 긍정반응, 인정, 칭찬, 지지, 격려 등의 언어를 사용한다.

　　- 고객의 특성, 정체성, 스타일, 언어와 행동패턴을 알아주고 코칭에 적용한다.

　　- 코치는 고객에게 자신의 생각, 느낌, 감정, 알지 못함, 취약성 등을 솔직하게 드
　　　러낸다.

　　- 코치는 고객의 주제와 존재에 대해서 관심과 호기심을 유지한다.

(6) 적극 경청

① 정의 : 고객이 말한 것과 말하지 않은 것을 맥락적으로 이해하고 반영 및 공감하며, 고객 스스로 자신의 생각, 감정, 욕구, 의도를 표현하도록 돕는다.

② 핵심요소
   - 맥락적 이해
   - 반영
   - 공감
   - 고객의 표현 지원

③ 행동지표
   - 고객이 말한 것과 말하지 않은 것을 맥락적으로 헤아려 듣고 표현한다.
   - 눈 맞추기, 고개 끄덕이기, 동작 따라 하기, 어조 높낮이와 속도 맞추기, 추임새 등을 하면서 경청한다.
   - 고객의 말을 재진술, 요약하거나 직면하도록 돕는다.
   - 고객의 생각이나 감정을 이해하며, 이해한 것을 고객에게 표현한다.
   - 고객의 의도나 욕구를 이해하며, 이해한 것을 고객에게 표현한다.
   - 고객이 자신의 생각, 감정, 의도, 욕구를 표현하도록 돕는다.

(7) 의식 확장

    ① 정의 : 질문, 기법 및 도구를 활용하여 고객의 의미 확장과 구체화, 통찰, 관점전환
       과 재구성, 가능성 확대를 돕는다.

    ② 핵심요소

      - 질문

      - 기법과 도구 활용

      - 의미 확장과 구체화

      - 통찰

      - 관점 전환과 재구성

      - 가능성 확대

    ③ 행동지표

      - 긍정적, 중립적 언어로 개방적 질문을 한다.

      - 고객의 상황과 특성에 따라 침묵, 은유, 비유 등 다양한 기법과 도구를 활용한다.

      - 고객의 말에서 의미를 확장하도록 돕는다.

      - 고객의 말을 구체화하거나 명료화하도록 돕는다.

      - 고객이 알아차림이나 통찰을 하도록 돕는다.

      - 고객이 관점을 전환하거나 재구성하도록 돕는다.

      - 고객의 상황, 경험, 사고, 가치, 욕구, 신념, 정체성 등의 탐색을 통해 가능성 확대
        를 돕는다.

(8) 성장 지원

① 정의 : 고객의 학습과 통찰을 정체성과 통합하고, 자율성과 책임을 고취한다. 고객의 행동전환을 지원하고, 실행결과를 피드백하며 변화와 성장을 축하한다.

② 핵심요소
- 정체성과의 통합 지원
- 자율성과 책임 고취
- 행동전환 지원
- 피드백
- 변화와 성장 축하

③ 행동지표
- 고객의 학습과 통찰을 자신의 가치관 및 정체성과 통합하도록 지원한다.
- 고객이 행동설계 및 실행을 자율적이고 주도적으로 하도록 고취한다.
- 고객이 실행계획을 실천할 수 있는 후원환경을 만들도록 지원한다.
- 고객이 행동전환을 지속하도록 지지하고 격려한다.
- 고객이 실행한 결과를 성찰하도록 돕고, 차기실행에 반영하도록 지원한다.
- 고객의 변화와 성장을 축하한다.

ICF PCC Markers

ICF 전문 공인 코치(PCC) 마커

- 평가 마커는 평가자가 녹음된 코칭 대화에서 어떤 ICF 핵심 역량이 증거에 있고 어느 정도까지 증거인지 결정하기 위해 경청하도록 훈련된 지표입니다. 다음 마커는 PCC(Professional Certified Coach) 수준의 코칭 대화에서 핵심 역량의 시연을 나타내는 동작입니다. 이러한 마커는 공정하고, 일관되고, 유효하고, 신뢰할 수 있고, 반복 가능하며, 방어 가능한 성능 평가 프로세스를 지원합니다.
- PCC 마커는 또한 PCC 수준에서 코칭의 성장 및 기술 개발 영역을 식별하는 데 코치, 코치 트레이너 및 멘토 코치를 지원할 수 있습니다. 그러나 항상 핵심 역량 개발의 맥락에서 사용해야 합니다. PCC 마커는 공식적으로 PCC 성능 평가를 통과하기 위한 체크리스트로 사용해서는 안 됩니다.

역량 1 : 윤리적 실천을 입증한다

ICF 윤리 강령과 그 적용에 대한 지식은 모든 수준의 코칭에 필요하다. 성공적인 PCC 후보자는 ICF 윤리 강령에 부합하는 코칭을 입증하고 코치의 역할에서 일관성을 유지한다.

역량 2 : 코칭 마인드를 구현한다

개방적이고 호기심이 많으며 유연하고 고객 중심적인 마인드셋인 코칭 마인드셋을 구현하는 것은 지속적인 학습 및 개발, 성찰적 관행 수립 및 세션 준비가 필요한 프로세스이다. 이러한 요소는 코치의 전문적인 여정 과정에서 발생하며 한순간에 완전히 포착할 수 없다. 그러나 이 역량의 특정 요소는 코칭 대화 내에서 입증될 수 있다. 이러한 특정 행동은 다음 PCC 마커를 통해 표현되고 평가된다. 4.1, 4.3, 4.4, 5.1, 5.2, 5.3, 6.1, 6.5, 7.1 및 7.5. 다른 역량 영역과 마찬가지로 PCC 성능 평가를 통과하려면 이러한 마커의 최소수를 입증해야 한다. 이 역량의 모든 요소는 ICF 자격 증명(코치 지식 평가)에 대한 서면 평가에서도 평가된다.

역량 3 : 계약을 수립하고 유지한다

3.1 : 코치는 고객과 협력하여 고객이 이 세션에서 달성하고자 하는 것을 식별하거나 재확인한다.

3.2 : 코치는 고객과 협력하여 고객이 이 세션에서 달성하고자 하는 것에 대한 성공 척도를 정의하거나 재확인한다.

3.3 : 코치는 이 세션에서 달성하고자 하는 것에 대해 고객에게 중요하거나 의미 있는 것이 무엇인지 문의하거나 탐구한다.

3.4 : 코치는 고객과 협력하여 고객이 이 세션에서 달성하고자 하는 것을 달성하기 위해 해결해야 한다고 생각하는 것을 정의한다.

역량 4 : 신뢰와 안전감을 조성한다

4.1 : 코치는 코칭 과정에서 고객의 고유한 재능, 통찰력 및 노력을 인정하고 존중한다.

4.2 : 코치는 고객에 대한 지원, 공감 또는 관심을 보여준다.

4.3 : 코치는 고객의 감정, 인식, 우려, 신념 또는 제안의 표현을 인정하고 지원한다.

4.4 : 코치는 고객이 코치의 기여에 어떤 식으로든 응답하도록 초대하여 고객과 파트너 관계를 맺고 고객의 응답을 수락한다.

역량 5 : 프레즌스를 유지한다

5.1 : 코치는 고객의 전체 사람(누구)에 응답하여 행동한다.

5.2 : 코치는 고객이 이 세션을 통해 달성하고자 하는 것(무엇)에 대한 응답으로 행동한다.

5.3 : 코치는 고객이 이 세션에서 일어날 일을 선택할 수 있도록 지원함으로써 고객과 파트너 관계를 맺는다.

5.4 : 코치는 고객에 대해 더 많이 알고 싶어 하는 호기심을 보여준다.

5.5 : 코치는 침묵, 일시 중지 또는 성찰을 허용한다.

역량 6 : 적극적으로 경청한다

6.1 : 코치의 질문과 관찰은 코치가 고객이 누구인지 또는 고객의 상황에 대해 배운 것을 사용하여 맞춤화된다.

6.2 : 코치는 고객이 사용하는 단어에 대해 문의하거나 탐색한다.

6.3 : 코치는 고객의 감정에 대해 문의하거나 탐구한다.

6.4 : 코치는 고객의 에너지 변화, 비언어적 단서 또는 기타 행동을 탐구한다.

6.5 : 코치는 고객이 현재 자신이나 자신의 세계를 어떻게 인식하는지 묻거나 탐구한다.

6.6 : 코치는 고객이 명시적인 코칭 목적이 없는 한 중단하지 않고 말하기를 완료할 수 있도록 한다.

6.7 : 코치는 고객의 명확성과 이해를 보장하기 위해 고객이 전달한 내용을 간결하게 반영하거나 요약한다.

역량 7 : 알아차림을 불러일으킨다

7.1 : 코치는 고객의 현재 마인드셋, 느낌, 가치, 필요, 욕구, 신념 또는 행동과 같은 고객에 대해 질문한다.

7.2 : 코치는 고객이 고객의 현재 생각이나 느낌을 넘어 자신의 상황에 대한 새롭거나 확장된 마인드셋이나 느낌(누구)을 탐색하는 데 도움이 되는 질문을 한다.

7.3 : 코치는 고객이 고객의 현재 생각이나 느낌을 넘어 자신의 상황에 대한 새롭거나 확장된 마인드셋이나 느낌(무엇)을 탐색하는 데 도움이 되는 질문을 한다.

7.4 : 코치는 고객이 원하는 결과를 향해 현재의 생각, 느낌 또는 행동을 넘어 탐색하는 데 도움이 되는 질문을 한다.

7.5 : 코치는 관찰, 직관, 의견, 생각 또는 감정을 애착 없이 공유하고 구두 또는 어조의 초대를 통해 고객의 탐색을 초대한다.

7.6 : 코치는 명확하고 직접적이며 주로 개방형 질문을 한 번에 하나씩 고객의 생각, 느낌 또는 성찰을 허용하는 속도로 한다.

7.7 : 코치는 일반적으로 명확하고 간결한 언어를 사용한다.

7.8 : 코치는 고객이 대부분의 말을 할 수 있도록 한다.

역량 8 : 고객 성장을 촉진한다

8.1 : 코치는 고객이 이 세션에서 달성하고자 하는 것을 향한 진행 상황을 탐색하도록 초
대하거나 허용한다.

8.2 : 코치는 이 세션에서 자신(누구)에 대한 고객의 학습을 진술하거나 탐색하도록 고객
을 초대한다.

8.3 : 코치는 이 세션에서 고객의 상황(무엇)에 대한 고객의 학습을 진술하거나 탐색하도
록 고객을 초대한다.

8.4 : 코치는 고객이 이 코칭세션에서 새로운 학습을 어떻게 사용할 것인지 고려하도록
초대한다.

8.5 : 코치는 고객과 협력하여 세션 후 사고, 성찰 또는 행동을 설계한다.

8.6 : 코치는 고객과 협력하여 자원, 지원 또는 잠재적 장벽을 포함하여 앞으로 나아가는
방법을 고려한다.

8.7 : 코치는 고객과 협력하여 자신을 위한 최선의 책임 방법을 설계한다.

8.8 : 코치는 고객의 발전과 학습을 축하한다.

8.9 : 코치는 이 세션을 완료하는 방법에 대해 고객과 협력한다.